一定要陪孩子做的 3**1** 件事

♣ 前言 ♣

　　父母對子女的影響是一輩子的，家庭教育的力量是無窮的。如何發揮最大的影響力創造好的家庭氣氛是很重要的一點，如何成為合格的父母更是一門大學問。

　　整個世界就如橄欖核，大智大愚就如核尖，眾多凡人如核的中段。為人父母，不必苛求孩子將來大富大貴出人頭地；如果孩子將來幸福、快樂，自食其力，就是家長最大的成功。

　　然而，即使是這樣簡單的要求也不容易做到，孩子的成長需要數十年、萬餘天，作為孩子第一任教師的父母，從小就要加強孩子的教育，如果父母對孩子的管教方式有偏差的話，孩子會受到很大影響，因此管教方式不可不慎。

　　有位教育學家說過：「推動搖籃的手，就是推動世界的手」，一語道破了家庭教育的重要性。家長是孩子的第一任老師，家庭是孩子的第一所學校。家庭教育是不可替代、不可缺少的一個教育環節。這就需要我們充分利用家庭教育時間長、機動性強、有潛移默化的特性、對像單一的特點，教育我們的

孩子成人、成才，最後才能成功。

　　做人的基本課程即：學會做人，學會做事，學會求知，學會共處。教育孩子做人要誠實、守信，文明、禮貌；做事認真、細心；學會學習的方法，培養追求知識的慾望；學會團結友愛、互相合作。

　　其次，還必須教孩子瞭解一個人能夠成功的條件，即自信、慾望、快樂、對秩序的認知，讓孩子無論在什麼時候，都要感到：我可以！我是最棒的！堅信我的目標一定能達到；讓孩子有一個符合現實的願望，一個經過一番努力就能實現的願望；讓孩子始終保有快樂的好心情，快樂的遊戲、快樂的學習、快樂的生活，享受學習的樂趣；從小教育孩子對秩序的認知，正如俗話說：沒有規矩不成方圓。

　　總之，作為合格的父母，最好以理智、自然的態度和孩子溝通，用開放的心讓孩子願意敞開心胸與你分享喜悲。幫助他、引導他，將你的人生經歷化作陽光雨露，照耀他、滋潤他。就從「設定孩子自己的人生目標」開始，與他一起體驗成長的樂趣和感悟吧！

+PART 1
幫助孩子成長一定要做的事

軟弱是無能的藉口,堅強是勇者的毅力,勝利是努力的成就。根據孩子目前的發展情況,引導他制定自己可以企及的目標才是積極有益的。而對身處環境的敏銳感知,就是孩子觀察力最好的訓練。

we all want the best for our children

✦PART 2
養成良好習慣一定要做的事

行為培養習慣，習慣形成性格，性格決定命運。習慣是一種力道。它看不見，摸不著，但能使事情變得容易。人生就像爬階梯一樣，必須一步一階，絲毫取巧不得。

✦PART 3
增進親子感情一定要做的事

利用親子遊戲，拉近長輩晚輩間的距離，藉以逐漸形成家庭生活中民主、平等的氣氛。長輩為晚輩讀故事書、一起發揮想像力創造獨特的藝術、一起進行戶外活動，都可以拉近彼此之間心與心的距離。

we all want the best
for our children

✦PART 4
尋求心靈頓悟一定要做的事

用心做事才能把事情做好。用敏銳的「心智」去思考、推理、判斷和決策；用美好的「心境」去關愛、關心和關懷；還有用善良的「心靈」去體悟、領會和盡力而為。每一個經歷的背後，悟出的就是繁花落盡後的坦然和淡定。

✛PART 5
認識愛和善意一定要做的事

不必用語言教育孩子要孝敬老人，當你孝敬父母公婆，孩子看見了，他長大後就會有樣學樣，反之亦然。路邊的紙屑，你彎腰撿起丟入垃圾筒，那麼你的行為就是「善舉」，在孩子的心裡種下「善」的種子。

we all want the best
for our children

PART 1 幫助孩子成長一定要做的事

　　家長是孩子的第一任老師，因此從孩子出生的那一刻，作為父母就要明白自己所承擔的教育責任，對孩子悉心照顧和培養，學著做一個合格的家長。而在這個過程中有許多事情，是為人父母或者即將為人父母的你，必須幫助孩子學會和並且身體力行的事。

　　父母親幫助孩子成長首先要做的第一件事，就是幫助孩子明確樹立屬於自己的人生目標，告訴他實現目標要有規劃、要有勇氣、要有信心、要發揮潛能、要不斷挑戰……而父母要幫助他做好規劃、提升勇氣、培養信心、激發潛能，並與他攜手迎接挑戰！

01 帶孩子去探望自己的父母

常常帶著孩子回家看看吧，一份真情贏得父母更多的關愛，點滴孝心也讓自己的子女看在眼裡，潛移默化教會他們做人的道理。

「百善孝為先」。「孝」是儒家倫理思想的核心。

父親是你生命的賜予者，是你人生的指引者！而母愛是人世間最溫和最無私也最持久的愛。如果你感激他們，請凝視他們的雙眼，告訴父母你無愧於他們。

從父親和母親造就一個生命胚胎時，這一份濃濃的愛意便開始環繞著你。嚴肅的父愛是你人生道路上的鞭子，驅策你走

向正確的方向。溫暖的母愛就像冬日裡的暖陽，時刻給你心靈上的慰藉。

父親和母親將愛的光輝灑向兒女，照亮了兒女的生活。兒女們又拿什麼奉獻給我們的爹娘？僅僅有孝心是遠遠不夠的，真正能使父母感受得到的關懷，是那種體貼入微的孝行。

子路，春秋末魯國人，在孔子的弟子中以政事著稱。尤其以勇敢聞名。

但子路小的時候家裡很窮，長年靠吃粗糧野菜度日。有一次，年老的父母想吃米飯，可是家裡一點米也沒有，怎麼辦？子路想到要是翻過幾座山到親戚家借點米，就可以滿足父母這一點點請求了。

於是，小小的子路翻山越嶺走了十幾里路，從親戚家背回了一小袋米，看到父母終於可以吃到一碗香噴噴的米飯，子路忘記了疲勞。鄰居們都誇子路是個勇敢孝順的好孩子，這就是子路借米孝敬父母的故事。

包公即包拯，廬州合肥（今安徽省合肥）人。父親包儀，曾任朝中大夫，死後追贈刑部侍郎。包公少年時便以孝聞名，

性直敦厚。包拯在宋仁宗天聖五年（公元 1027 年）中了進士，當時才 28 歲。先任大理寺評事，後來出任建昌知縣（今江西永修），因為父母年老不願隨他離鄉上任，包公馬上便辭去了官職，回家照顧父母。他的孝心得到了官吏們的稱頌。幾年後，父母相繼辭世，包公這才在鄉親們的苦苦勸說下重新踏入仕途。

在當時的封建社會，如果父母只有一個兒子，那麼這個兒子不能扔下父母不管，只顧自己去外地做官，這是違背封建法律規定的。所以在一般情況下，父母為了兒子的前程，都會跟隨兒子去外地，在那個時代很少父母會不願意隨兒子去做官的地方養老，因為這意味著兒子要遵守封建禮教的約束 —— 辭去官職照料自己。

歷史書上並沒有說明包拯辭官的具體原因，可能是父母身體不好，無法承受路上的顛簸，包公因此辭去了官職。但無論真正的情況為何，包公願意主動辭去官職，還是說明他並不是那種迷戀官場的人，對父母的孝敬也堪為表率。

過去我們聽得最多的故事是包公的鐵面無私，倒是很少人注意到，包公孝敬父母更是一點都不馬虎。

越是與我們親近的人，越容易疏忽他們的感受，也最容易在不自覺中傷害他們，帶給他們痛苦。尤其是對自己的父母，有些人覺得他們囉嗦，不愛和父母多聊幾句，也不願意多聽聽他們的感受。有些人甚至只顧著自己生活，完全疏忽父母需要奉養、需要關愛的現實。

我們這個時代的人，很強調對子女的照顧和關愛，也都知道孩子缺乏愛，會產生偏差行為；但卻普遍疏忽年邁父母的需求，未能給予他們適當的關愛、奉養和撫慰。

為人子女者都有孝心，不過徒有孝心是不夠的，必須有孝行才行。必須充分瞭解父母，知道他們心裡的需要，做出適當的回應，才能孕育彼此間的親情，感受親情摯愛的喜悅。

人世間關於母愛的故事多得不可勝數，即使是動物所表現出的母愛，也會讓一切豪言壯語失去重量，在靈魂深處豎起最高的豐碑。

很多人都有這樣的感受：成家多年了，雖然和父母同住一個城市，但因為整天奔波於工作家庭之間，並不經常回家探望父母，總覺得走到哪裡都是父母的孩子，回家多一回少一回無

所謂，卻在偶然間明白過來，發現自己想錯了。因而，回父母家的時候，站在門外，總感到內疚，像一個做了壞事的孩子將見到大人那樣，心裡忐忑不安，好像誰在責備著自己。

敲門的時候，猜想著兩位老人在家正做著什麼，是不是正感受到冷清和孤獨的折磨。進了家門，看到父親漸漸蒼老的臉，母親縷縷花白的頭髮，有一種心痛的感覺……

常常帶著孩子回家看看吧，一份真情贏得父母更多的關愛，點滴孝心也讓自己的子女看在眼裡，潛移默化教會他們做人的道理。常回家看看，給自己的父母最溫暖的關愛，最終受益的將是你自己！

每逢週末，看到自己的孩子打電話跟爺爺奶奶問好，看到孩子特地去看望爺爺奶奶和外公外婆，看到他與老人有那麼多的話說，你的心裡會甜滋滋的。因為你的「常回家看看」，已經造就了「接班人」，等你年老後是絕對不會孤單寂寞的。

一個不孝敬父母，對抗父母正確引導的人，傷害得最重的，首先不是他的父母，而是他本人。

孝敬父母是養成一切良好品德的基礎。孔子把孝放在一切

道德的首位，視為「立身之首」，「自行之源」。當代不少倫理學家把孝敬父母看作是人學會處理人際關係的第一台階，是做人的基本要求，是關心他人、熱愛人群，品德形成的基礎。

如果有一個人，一邊打爹罵娘，另一邊又在那裡大聲吹噓他對朋友如何有禮貌，如何尊重人群，會有人相信嗎？

一個連自己的母親都不懂得愛，動不動就對母親牢騷滿腹、怒氣衝天的人，卻在那裡高呼自己多麼充滿熱情，不管他說得多麼冠冕堂皇，周圍的人絕不會相信他。他喊得越響，講得越振振有詞，論證得越符合邏輯，那他騙人就騙得越厲害，越彰顯他是個想從高呼口號中撈取個人私利的人。

經常帶著孩子回家看看父母，不僅是給予孩子耳濡目染使其懂得孝道，更是為他負責，使他在同學中有朋友、有知己、有自己人格的尊嚴，同時也是為社會、人群、甚至是為國家負責。

02 幫助孩子設定自己的人生目標

目標是指引人生航行的燈塔，也是人生道路上的指南針。
一心向著目標前進的人，整個世界都會為他讓路。

正確的人生目標，是一個人取得成功的決定要素。

不論你希望孩子將來可以出人頭地，還是只要平安無憂地生活就好，你必須幫助他設定屬於他自己的人生目標，並為實現所選定的目標去努力創造機會、刻苦學習。

目標的確立是必須的，每個人行走在人生的道路上，過程固然重要，但只有目標的指引才能使你一生的奔忙不至於失去方向。目標是指引人生航行的燈塔，擁有它，你可以更容易地

摒棄雜念、排除阻礙、勇往直前。

教育學家認為：一個人對目標的渴望，才是學習的內在動力，為了目標所以需要學習。一個人的意向、願望與興趣，對學習產生推動的力量，所以說明確的學習目的，能夠激發孩子的積極動力。孩子一旦養成自發性的學習，隨之也會產生極大的熱情，表現出堅韌的求知意志，促使其勤學苦練，朝著目標不斷前進。

比爾‧蓋茲因創立了微軟而成為影響世界的重要人物。殊不知，他在讀大一時就曾邀請過同學戴爾一起出來開設公司，但是戴爾認為必須要先完成學業才能去創業，兩人從此選定了各自的人生道路。後來蓋茲成了微軟公司的總裁，世界知名企業家；而戴爾則成了一名大學教授。人生目標的不同，就預示了完全不同的人生和最終達到的成果。

許多成功人士之所以能夠取得偉大的成就，正是由於他們樹立了明確的目標，具有濃厚的學習興趣和強烈的求知慾望。沒有目標，就像人在沙漠裡不知道該朝哪裡走一樣，不知該如何才能保有積極主動、心情愉快的學習興趣，求知因此成為沉

重的負擔。

先不考慮智商因素，許多孩子之所以找不到突出的特長，沒有自己的興趣是最重要的原因。因為目標不明確，他們的個人成長儼然成為一種盲目、被強迫的、甚至痛不欲生的過程。

高爾基說過：「一個人追求的目標越高，他的能力就發展越快，對社會就越有益，我確信這是一個真理。」為人父母，不但要引導子女確立自己的人生目標，而且要與孩子達成共識，帶領他耳濡目染，使目標成為一盞明燈，時刻照亮激勵孩子每一天的生活。

目標是人生道路上的指南針，一心向著目標前進的人，整個世界都會為他讓路。

有一位退休的美國教師，在一次偶然的機會裡發現了 50 年前一個班級的作文稿。作文的題目是「我的未來」，20 幾個孩子在作文中各自表達了不同的理想，有的想當總統，有的想做軍官，有的想成為明星，有的想做飛行員，也有的想成為園藝師，字裡行間充滿了對未來生活的憧憬和嚮往。

看到這裡這位教師突發奇想，他迫切地想知道這班學生是

否實現了兒時的志願，於是在報紙上刊登了一則啟事，希望瞭解這些孩子的近況，並表示會將作文本還給他們。

不久，學生們陸續都回信給老師了，唯一沒有回信的是當年班上一名盲生——戴維，他當時的志願是成為一名議員。因為盲人要當議員相對於正常人來說是很難的事情，正當這位教師放棄尋找戴維，準備將作文本送給一家私人收藏館時，他收到了國會議員的來信，這使他大吃一驚，也感動萬分：「那個叫戴維的孩子就是我，感謝您還為我保存著兒時的夢想。不過我已經不需要那個本子了，因為從那時起，我的理想就一直在我的腦海裡，一天都沒有放棄過。」原來，盲童戴維也已經夢想成真。

這就是設定目標、理想的作用，在它的指引和激勵下，常常能使人迸發出不可思議的能量。許多實例還證明，有理想的人與沒有理想的人相比，人生的道路可以走得更遠更穩。

人總是在追求目標的過程中體驗生命的意義，商人的目標是累積更多的財富，學者的目標是完成更高的學術造詣，只要一個人有目標、有動力，才可能完成事情。處在永遠沒有終點

的賽跑中，人不可能全力衝刺，心中沒有目標就沒有了動力，人人都是如此。

在現代社會高談人生理想，很容易就遭人白眼相待，但是學者認為：孩子從小就需要人生目標，因為人是以目標為導向的生物，沒有目標，就無法激發孩子的能力。有鑑於此，家長的確應該幫助孩子樹立人生目標，從小培養他們「凡事豫則立」（註一）的前瞻思維方式，到底如何才能幫孩子樹立正確的人生目標呢？

首先要知道何時才是設定人生目標的最佳時機？專家建議最好的時間是 19 歲以前。在 19 歲以前就確定人生的目標，這樣才有足夠的時間朝向它去奮鬥。而大多 19 歲以下的孩子對自己的未來都比較茫然，這時候，就需要父母盡到職責，加以引導。

◆ 一、要讓孩子懂得選擇

愛因斯坦每天在實驗室工作 18 個小時以上，當記者採訪他時，他興奮地說：「我這一生中從來沒有工作過，我每天只是在玩。」同樣地，興趣才是孩子願意奮鬥不懈的動力，父母

不能把自己的意志強加到孩子身上，因為，這是他的人生，不是你的。讓孩子選擇他最喜歡的事情作為自己的人生目標。

◆ 二、目標要切合實際

制定成功的目標，不僅要考慮未來的情況，也要考慮目前的情況。勞倫斯‧彼得說，人最大的危險是不知道自己現在所處的地位。

再才華橫溢的人，只要不懂得觀察周遭，將自己放在對得位置，不可避免地，也會成為一個能力有限、沒有自我意識的人。也就是說，制定目標既不可好高騖遠，也不可妄自菲薄。根據孩子目前的發展情況，引導他制定自己可以企及的目標才是積極有益的。

◆ 三、每天完成一個目標

一個人不僅要有長遠的人生目標，而且要有自己的日常目標。日常的目標也許不是什麼宏圖大業，僅僅是一些平常的瑣碎事情，但每天成功的激勵會讓孩子自信心得以累積，並在持之以恆的努力中，最終實現自己的人生目標。試著和孩子一起，為每一天設立目標吧。

✦ **四、目標要定得詳盡具體**

　　讓孩子選一個他認為能達到目標的具體時間表，並擬定詳細的計劃進度，列出每天要執行的每個任務。進度表要經常檢視，必需隨時都知道「下一步」該做什麼。這不僅可以培養孩子對自己人生的規劃能力，而且日程表還能幫助時時提醒孩子把握時間，催促孩子更加積極地為實現目標而努力提高學習效率。

　　（註一）出自中庸：「凡事豫則立，不豫則廢。」豫，同預，預先準備的意思。立，就是成功。廢，則是失敗。用來勸人在事情還沒動手做之前，要先計劃周密，經過詳細的考慮，才能立足於不敗之地。

03 為孩子的人生 寫一個「劇本」

對身處環境的敏銳感知，就是孩子觀察力最好的訓練。

在英國，有位小女孩在父親的鼓勵和指導下，從位於英格蘭南部的倫敦，一路長跑到位於北部的蘇格蘭愛丁堡。這位小女孩年僅 8 歲，由於父親的培養和規劃，才得以創造如此奇蹟。

從倫敦跑到愛丁堡，這對於成年人來說都是件困難的事情，但是她做到了，她的確是長跑的天才，父親的教育讓孩子在長跑運動方面有如此突出的成績。所以說，成功源於教育，教育改變命運！父母是孩子的第一任老師，父母對孩子的教育將影響孩子的一生。

　　那麼，該如何做呢？父母可以試著為孩子的生涯目標排入時間表。用自己豐富的人生閱歷，精心地為孩子規劃人生。協助孩子聽取父母的經驗、接受人生規劃安排的建議能讓孩子以後少走些冤枉路。

　　像剛剛那位 8 歲小女童這樣成功的例子比比皆是。當然，這要看孩子的天賦而定，如果發現孩子確實有某方面的才華，父母加以正確引導，並堅持下去，是使孩子健康發展的良好途徑。

　　「規劃」是指事前的安排與計劃，是行動的準則。而所謂的「生涯規劃」，指的就是「在考慮各方條件後，盡可能地為孩子妥善安排與計劃未來。」更簡單地說，「就是有系統地安排孩子這輩子要走的路，進而能夠發揮個人的生命價值，走他所希望的生命歷程。」

　　生涯發展大師舒伯認為：所謂生涯（CAREER）是指一個人在一生中所扮演角色的綜合體，這些角色，包括兒女、學生、公民、玩樂者、勞工、配偶、家管、父母及退休者等九項；主要在四個場景中扮演：家庭、社區、學校及工作場合。一個人

在一生中扮演許許多多的角色，就如同一條彩虹同時具有許多色帶。簡單地說，「生涯」是從嬰兒到生命終止的一段過程，「規劃」則包括生活方式、就業形態、檢視過去、策劃未來等，這些點點滴滴就連綴成了一個人的人生。

我們有個傳統習俗叫做「抓周」，就是當孩子滿週歲這一天，親朋好友聚集，在地面上擺著日常生活用品，文房四寶和其他象徵性物品，再讓小孩自己爬行抓取，抓到某種東西，就象徵這個孩子長大將會往某一事業發展。比如抓取筆墨，長大後可能是文人；若取算盤，可能成為商人等。抓周的習俗，甚至可以上溯到南北朝時期。

抓周禮在很多朝代都十分盛行。《紅樓夢》裡就提到寶玉抓周的事，說寶玉在許多物品中專抓胭脂、釵環。賈政十分不悅，說：「將來不過酒色之徒」。

雖然現在大家不再相信「抓周」了，但有些家庭仍會當作遊戲，在孩子週歲那天和親朋好友一起玩一玩。

有位父親在孩子週歲時，擺在孩子面前的三樣東西是計算機、紙筆和醫生聽診器，結果孩子抓的是計算機，周圍的人紛

紛說孩子將來必定會成為科學家或工程師。然而，這位父親不太滿意，他潛意識裡希望孩子抓的是醫生的聽診器。理由無他，因為他自己就是醫生，所以希望孩子將來繼承他的衣缽。

其實，那位父親放了這三樣東西，就代表父母對孩子的期望，如果放的是蠟筆、掃帚、鋤頭等物品，不知會有什麼結果？萬一孩子抓的是後二者，豈不是為之氣結？

也許有些父母不曾安排過抓周的遊戲，但是在孩子成長的過程中，為他們安排一些才藝課程，還有教育的方式和言行表達，不也反映出父母的期望和安排嗎？

父母期望為孩子規劃合理、成功的生涯，那麼如何做才能保證是為孩子的人生編寫適合而又精彩的「劇本」呢？有學者談到生涯規劃的十項重點：

一、把重點放在完成工作內容與能力提升，而非頭銜。頭銜是表面世俗的眼光，真正到最後，一切還是得看能力。

二、多觀察孩子的興趣，確立職涯目標。多閱讀書籍或詢問專家，引導孩子持續朝自己的目標發展。

三、讓孩子明白自己的使命與價值。生涯發展是孩子自己

的事，必須由他自己培養，父母只能從旁協助，提供適合的環境。

四、要孩子融入社會。父母要多瞭解社會、產業、企業未來的需求及走向，才能真正確定孩子自身將會需要具備哪些能力。

五、培養孩子坦然面對現狀，學習應變社會變遷。如果孩子對於某項新的工作處理能力不夠強，就把重點放在他熟悉的事務上。如果孩子做起來游刃有餘，並準備接受新挑戰，則把重點放在更進一步的生涯發展上。

六、培養孩子學習新知識，掌握新觀念的能力。訓練孩子思考他所經歷的每一件事，以及這些事情和周圍所產生的因果關聯，鼓勵他多多體驗新的事物。

七、培養孩子眼觀四面耳聽八方，增加對外來訊息的敏感度。對身處環境的敏銳感知，就是孩子觀察力最好的訓練。

八、塑造良好個性、建立人際關係。在上學或其他活動中，盡量帶著孩子與人群建立良好的互動關係。

九、要不斷接受學習訓練，隨時增進知識、能力、價值觀。

孩子所接受的每一個專業訓練都和將來事業發展計劃相關。

　　十、確定孩子所做的事，是否對職涯發展有益。把握能夠
幫助提升孩子觀念、增加能力，以及與職涯發展計劃息息相關
的事物。

04 在很多人面前 進行演講

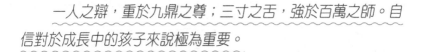

一人之辯，重於九鼎之尊；三寸之舌，強於百萬之師。自信對於成長中的孩子來說極為重要。

想在任何場合都可以侃侃而談嗎？想在演講中一展自己的風采嗎？想在競選中脫穎而出、成功當選嗎？

一人之辯，重於九鼎之尊；三寸之舌，強於百萬之師。在眾人面前勇於展現自己，展現自信，更進一步展現溝通和表達的意願，一個人的演講能力或者說話能力，已經成為左右其成功的重要因素。

演講或者演說（Oration），是一門綜合表演藝術，是語

言的最高表現形式，可以將自己的意思以各種形式傳達出來，是一種有計劃、有目的、有主題、有系統的視聽訊息傳播。它可以使原本見解一致的聽眾更堅定其原有的信念，同時使不同見解的聽眾動搖、放棄、改變其原有的思想觀點，心悅誠服地接受你的意見。

為人父母如果有機會在孩子面前對群眾演講，充分展示自己的實力，可以帶給孩子很大的影響。當你將經過精心準備的精彩話語一串串從口中源源而出，聽眾被你的激情深深地感染，如潮的掌聲一浪高過一浪時，你的自信心會急速增加，同時你的孩子也會深受感染，驕傲有你這樣的父母。因此演講是樹立信心，給孩子樹立榜樣的最好機會，同時也會無形中培養孩子的自信，使孩子立志成才。

自信之所以重要，其實就是因為「相信自己」的力量無窮。居禮夫人曾說過：「生活對於任何一個男人或女人都非易事，我們必須要有堅忍不拔的精神；最要緊的，還是要有自信心。我們必須相信，我們對一件事情具有天賦的才能，並且無論付出任何代價，都要把這件事情完成。當事情結束的時候，你要

能夠問心無愧地說：『我已經盡我所能了。』」一個人只要有自信，他就能達成心中所立下的目標，成為自己理想中的人。

　　自信對於成長中的孩子來說極為重要，因為自信是自卑的天敵，自信多一些自卑自然就會少一些。而自卑感多半來自孩提時代，大多源於父母對孩子的態度以及教育方式。譬如：父母總是在人前唯唯諾諾，孩子也會覺得自己不如別人，心中充滿自卑；又如，父母總不能在人前表現自己、發表言論，孩子也會受其影響在人前選擇退縮，久而久之就會形成自卑的心理。溺愛也是造成自卑感的重要原因，孩子在家裡受到無微不至的呵護，而在家庭之外受到的待遇卻完全不同時，會嚴重影響他對自己的認同感。

　　除了家庭的影響外，學校老師及同學們的態度對一個人的心理健康影響也頗大。如果家境貧窮、衣著寒酸，或者因父母的狀況而常遭到同學們冷嘲熱諷，也會使孩子變得憤世嫉俗，自卑感逐漸擴大。而這種自卑感終將成長為一種阻礙孩子成功無形的敵人，它使孩子喪失信心、自我意識過強、不安和恐懼。

　　而自信是成功的基石，是孩子走向社會的堅實階梯。孩子

擁有自信，才能經受挫折，戰勝困難，取得成功。

為了培養孩子的自信心，首先要相信孩子能做得好，多給孩子鼓勵：

「你一定可以！」

「你能做好！」

「你一定可以做得更好！」

這既是對孩子的激勵，又是培養孩子自信的良方。其次要承認差異，孩子的長處與短處共處，優點與缺點並存。不拿自己孩子的短處與別人孩子的長處相比，那樣只會適得其反，使孩子產生自卑。只要孩子在原有基礎上獲得進步，就應該肯定，給予鼓勵。幫助孩子培養克服困難的勇氣，在戰勝困難中培養自信，讓孩子樹立「我可以做到」的信念。

面對大庭廣眾講話，需要巨大的勇氣和膽量。因此專家認為，這種辦法可以說是克服自卑，增強自信最為有效的方法。

其實當眾講話，誰都會害怕，只是程度不同而已。為了克服自卑，樹立信心，不要放過任何一次當眾發言的機會。在我們周圍，有很多明明是思路敏銳、天資聰穎的人，卻無法發揮

他們的長處參與討論，並不是他們不想參與，而是缺乏信心。在公眾場合，沉默寡言的人都自認為：我的意見可能沒有價值，如果說出來，別人可能會覺得愚蠢，所以我最好什麼也別說，而且，其他人可能都比我懂得多，我並不想讓他們知道我懂得這麼少。

又或者，這些人會對自己許下渺茫的諾言：「等下一次再發言吧！」可是他們很清楚自己無法實現這個諾言。每一次的沉默寡言，都是又一次中了缺乏信心的毒，愈來愈喪失自信。

當眾演講就是使孩子增強自信心，增加自我表現心，培養超群心的一劑良方。有了這「三心」，孩子就會離成功更近一些。

首先，願意當眾演講的孩子自信心很強，他們表現出「我敢說」的特質。自信心也是人的一種意志，有自信的人，就具有充足的信心，他們相信自己的智慧和能力足以掃除心理障礙，始終如一的鼓勵自己堅持下去，努力實現自己的目標。所以，培養孩子從小就具有自信心非常重要，自己一定要相信自己將來會成為成功而有用的人。

其次，當眾演講的孩子表現心會很強，他們表現出「我要說」的慾望。自我表現是一種慾望，是推動人類開始行動最直接的內部動力。試著培養孩子自我表現的慾望，引導他向健康方向發展，是孩子最終走向成功的重要因素。

最後，當眾演講的孩子超群好勝心會很強，他們非常相信「我會說」這件事。當今是激烈的人才競爭時代，對孩子表達能力培養，父母的觀念不能只停留在「能講話」上，而要把目標定在「具有優秀的口才」上。只有這樣才能使孩子真正適合未來的需要，真正成為激勵競爭中的強者。

所以如果你可以找一個當眾演講的機會，感染自己也感染你的孩子，耳濡目染之下，他也可以擁有「三心」闊步邁向成功！

05 藉由參與競賽 挑戰極限

請不要劃地自限，勇於接受挑戰充實自我，你一定會發展得比想像中更好。

人要不斷地自我挑戰，發掘潛力。但要從個人的角度出發，挑戰個人並不容易做到，到底該如何成為一個勇於向自我挑戰的人呢？

被公認為百貨業最偉大推銷員的艾摩斯·帕立舒，可以稱得上是真正最幸福的人。他有口吃的毛病，儘管如此，他每年在紐約大都會飯店舉辦例行演講時，偌大的會場總是擠滿了全國各百貨公司的經理，屏息斂氣地聆聽他分析市場概況和發展

趨勢，這足以證明他取得的成就已然非凡。但對他來説，這不過是他達到的眾多目標之一而已。

直到晚年，他的頭腦仍舊十分敏鋭，不斷發想出新穎且出人意表的新構思。每當人們在他又取得了某種成就後，紛紛向他表示祝賀時，他都毫不在意，只是興沖沖地説：

「你聽聽我現在想到的這個奇妙構想。」

他只要一對某件事情專注起來，説話就會口吃。

在他 94 歲的時候，人們聽説他病得很重，似乎就快要不久人世了，紛紛去探望他。

「嗨！」他的熱情一如往常，「我又有了新的構想，是個非常美妙的構想呢。」接著他便簡要地説明了那個令他興奮的新目標。直到談話結束，他根本沒有提到死亡，只是盡情訴説著生命存在的喜悦。這離他最後因病情惡化而去世，只不過是兩天以前的事。

艾摩斯‧帕立舒是一個成功的企業家，但他從沒有認為自己已經完成了一切。他永遠在向下一個目標前進，他一輩子都走在前往下一個目標的路上。

　　和艾摩斯一樣，美國棒球界著名人物布蘭奇‧李奇，也是一位當代運動場邊的傑出人物。

　　他曾任當年聖路易士紅雀隊、布魯克林道奇隊以及匹茲堡海盜隊的總經理。發表過多篇關於棒球運動的經典文章。

　　在慶祝布蘭奇‧李奇的棒球生涯50週年晚會上，一名記者這樣問他：

　　「棒球是美國的重要運動之一，您在棒球界縱橫了半個世紀，覺得最大的收穫是什麼？」

　　面對這個問題，李奇皺起眉頭回答道：

　　「我不知道，因為我還沒有退休！」

　　雖然創造了眾多佳績，但他絕不認為這樣就達到了所有目標，他不斷向新的目標挑戰，因此也繼續不斷創造著傑出的成就。

　　挑戰自我，戰勝自我，其實是自己對自己心理上的鼓勵。每個人在自己遇到困難的時候，總會存在心理上的疑慮，是退卻呢？還是前進？很多人猶豫不決。

　　想要挑戰自我，你必須得瞭解自己是一個什麼樣的人，如

果你自己也不清楚的話，就問問你最要好的朋友，而且必須多問幾個。之後，你自己心中就會產生一把衡量自己的尺。

瞭解自己的缺點，嘗試著和自己的缺點挑戰，在生活中不斷去觀察，不段改進，讓自己的缺點變成優點。在挑戰自己缺點時，也要在生活中不斷給自己定下目標，每一個目標都不要太高，從小目標做起，一步一個腳印，去一步一步地實現。

最重要的是要笑對人生，不管面對什麼困難都要有保有良好的心態，只要你相信自己，就會和你想挑戰的另一個自己合為一體，你的力量就會更強！

挑戰自我似乎是老生常談，然而事實上人最大的敵人往往就是自己，要知道藏身在內心深處的那個自己，其實更加膽怯怠惰，人生中遭遇的各種困難其實都可以轉換成同一道考題——如何面對自己。

人們原本以為非常困難的事情，其實是因為懶惰導致自己不願想辦法去克服；有的時候則是因為害怕面對自己的弱點，因此苟且偷安。因為，面對自己改掉惡習要鼓足很大勇氣，花費相當精力，這一點並非所有人都能做到。人的一生，每天都

必須在努力中謀生存，在進取中求上進，在失敗中累積經驗。

有一天，龍蝦與寄居蟹在深海中相遇，寄居蟹看見龍蝦正在使勁脫掉自己的硬殼，只露出脆弱的身軀。

寄居蟹非常緊張地說：「龍蝦，你怎可以把唯一保護自己身軀的硬殼也放棄呢？難道你不怕有大魚一口把你吃掉嗎？以你現在的情況來看，連海浪把你衝到岩石上，你都可能會因為受重傷而死。」

龍蝦氣定神閒地回答：「謝謝你的關心，但是你不瞭解，我們龍蝦每次成長，都必須先脫掉舊殼，才能生長出更大更堅固的外殼，現在面對的危險，只是為了將來發展得更好而作出準備。」

寄居蟹細心思量一下，自己總是只想著找到可以避居的地方就好，從沒有想過如何令自己成長得更強壯，整天只活在別人的護蔭之下，難怪自己的發展永遠都受到限制。

要明白，對於那些害怕危險的人而言，危險其實無處不在。每個人都有自己認定的安全區域，你想跨越自己目前的成就，首先就必須跨越你的安全區域。請不要劃地自限，勇於接受挑

戰充實自我，你一定會發展得比想像中更好。

人活著就得為了生存去努力，去克服困難，每個人都必須有勇往直前的精神，否則活著就沒有任何意義和價值。在人生漫長的路上，會有許多坎坷不平的路，等待著每個人去冒險。

走在人生坎坷的道路，就如同正在學走路的小孩，一不小心就會跌倒，跌倒了記得要勇敢地站起來，沒有跌倒的疼痛，哪有進取的經驗？沒有失敗，哪有成功的收穫？

不管生活有多麼的曲折，道路有多麼的坎坷，人們都得勇敢地去面對，要有持之以恆的決心和永不放棄的恆心，才能戰勝自我。軟弱是無能的借口，堅強是勇者的毅力，勝利是努力的成就。

在人與人間競爭激烈的今天，你必須做個堅強的勇者，戰勝自我。贏人先贏己，如果連自己都不能戰勝的人，又怎麼贏得了大千世界裡眾多堅強勤奮的勇者呢？

把「自己」當成競爭的對手吧！如果我們善於挑戰自我，肯定自我，就會對自己產生全新的看法，那麼「在競爭中取勝」的涵義就會被擴大為：傾盡全部力量，敢於面對挑戰，並使自

身的潛能得到淋漓盡致的發揮。競爭是好現象，它鞭策你、激勵你，當你和自己競爭時，亦能從中不斷地超越自我。

　　和孩子一起藉著參加體能或智力競賽來訓練孩子，並在其中挑戰自己的極限，不斷超越自己，克服消極心態，培養不畏挑戰的意志，只有這樣，才會成為真正的頂尖人物，才會耳濡目染地將「贏人先贏己」的競爭理念灌輸給孩子。

06 健康從鍛鍊身體開始

健康就是一旦失去它的時候，才驚覺它曾經存在。所以要珍視健康，那是每個人自身最寶貴的財富。

健康是什麼？健康就是 1，而學業、事業、財富、前程……都是隨後跟著的 0，健康永遠排在第一位！也就是說當一個人擁有健康時，他可能擁有 10、100、1000 甚至更多。如果失去第一位數字 1，擁有再多 0 仍然只是一無所有。

有一個青年人，他總是抱怨自己太窮了，「要是我能有一大筆財富，那該有多好啊！到那個時候，我的生活會是多麼地快樂呀！」他總是想著這些事情。有一天，一位老石匠從他家

門口路過，聽到年輕人的話，就問他：「你抱怨什麼呀？其實你已經擁有最大的財富了！」

「我哪有財富？」年輕人驚訝起來，「我有什麼財富呀？」

「你有一雙眼睛！你只要拿出一雙眼睛，就可以得到你想要的任何東西。」石匠說。

「你在說什麼啊？」年輕人接著說，「無論你給我什麼寶貝，我都不會拿眼睛去換的！」

「那好吧！」石匠說，「不然讓我砍掉你的一雙手，你可以拿這雙手去換許多黃金！」

「不行！我不會拿自己的手去換黃金的！」年輕人說。

「現在你知道了吧，你是很富有的。」老石匠說，「那麼你還抱怨什麼？相信我吧，年輕人，一個人最大的財富就是他的健康和體力，這是無論用多少錢都買不到的。」

健康是父母為我們所準備，最公平最珍貴的禮物，也是最寶貴的財富。良好的健康和隨之而來的愉快情緒，是幸福的最好資本。失去了健康，你所擁有的一切終會隨風而逝！聽了老石匠的話，年輕人決定不再抱怨了，他一定會用自己明亮的眼

睛，勤勞的雙手，創造巨大的財富。所以，家長們要時刻教育孩子珍視健康，那是每個人自身最寶貴的財富。

健康的體魄也是一個人一生最重要的需求，但往往有些人會為了金錢或物質而放棄健康。

曾經有位財主犯了罪，被帶到縣衙審問。縣太爺提出了三種懲罰的方式讓財主選擇：第一種是罰 50 兩銀子，第二種是抽 50 皮鞭，第三種是生吃 5 大袋蒜頭。財主既怕花錢又怕挨打，就選擇了第三種。

在人們的圍觀下，財主開始吃蒜頭，「吃蒜頭倒不是什麼難事，這是最輕的罰責了。」當吃下第一顆蒜頭時，財主這樣想。

但當他越吃越多，就越感到難受，吃完 2 袋蒜頭的時候，他感到自己的五臟六腑都在翻攪，像被烈火炙烤著一樣，他流著淚喊道：「我不吃蒜頭了，我寧願挨 50 皮鞭！」

執法的衙役剝去財主的衣服，把他按到一條長板凳上，當著他的面把皮鞭蘸上了鹽水和辣椒粉，財主看得膽戰心驚，嚇得渾身發抖。當皮鞭落在財主的背上時，他像殺豬一樣嚎叫起

來。

打到第 10 下的時候，財主痛得屁滾尿流，終於忍受不住痛苦地叫道：「青天大老爺啊，可憐可憐我吧，別再打我了，罰我 50 兩銀子吧。」

很多時候都是這樣的，人們寧可捨棄健康，也不願付出金錢與時間。結果得不償失，沒有了健康，也最終失去包括時間與金錢的一切東西。

告訴孩子健康是什麼？健康就是一旦失去它的時候，才驚覺它曾經存在。才知道本來是應該珍惜它的，才明白過去對健康實在是太忽視了，才想到健康原來和你竟是那什麼不可分離。哪怕健康才離開你一會兒，你就會有很多深切的體驗；一旦有一天健康永遠地離你而去，你可能會覺得整個世界都失去了意義。這就是健康的力量！

健康要從運動開始，運動能使人心情變好，可以幫助人對抗壓力，可以預防慢性疾病，還可以保持身材。同時，運動能使骨骼強健，肌肉發達，促進身體健康發育；運動能加速血液循環，促進新陳代謝，為大腦提供高品質的營養，使頭腦更靈

活，進而促進智力的發展。

比如：孩子跳繩可以健腦。跳繩是一項全身性的活動，孩子手腳協調配合，可促進孩子的協調性。同時，跳繩時呼吸加深，手握繩頭不斷地甩動又會刺激拇指的穴位，對腦下垂體產生作用，進而增加腦細胞的活動，提高思維能力。

腳是人體之根，六條經脈在這裡交會。跳繩可以促進血液循環，使人精神舒暢，行走有力，更主要的是可以通經活絡，有健腦的作用。

騎自行車則可提高反應的靈敏度，經常騎自行車，可以發展孩子腿部和足部肌肉的力量，訓練孩子運動的速度、對外在衝擊的反應靈敏度和平衡能力等。

游泳可以增加肺活量，提高身體對外界環境的適應能力，增進對疾病的抵抗力。

爬山可以鍛鍊孩子的毅力，開闊孩子的視野，培養孩子心胸開闊，樂觀向上的性格。

體育活動對人體是重要的，要讓孩子從小熱愛體育活動，引導他掌握更多的律動技能。身體狀況、有沒有運動細胞，的

確與遺傳因素有關，但如果不進行訓練，這種遺傳的潛能也是開發不出來的。相反不具備遺傳優勢的孩子，如果在兒童時期得到適當的訓練，說不定有可能展示超水準的技能。

孩子若體質太差，縱然讀完了博士研究所，卻終日被病痛折磨，親人為他憂慮著急，工作崗位還要應付他經常請假帶來的成本，他豈不成了社會和其他人的負擔？身體強壯了，再學一份手藝，孩子就有了安身立命之本，也有了報效國家與人民之本。

督促孩子參加鍛鍊身體的活動，無非是要孩子培養健康意識，使他們能夠主動運動，健康成長。

07 全力以赴地
跨越一次挑戰

*親自體驗後,告訴孩子 ──「挑戰極限,沒有不可能」,
並要他永遠記住。*

美國心理學家認為:一個普通人只運用了其能力的 10%,
還有 90% 的潛能可以挖掘。無論是誰都有潛能去追求卓越、做
最好的自己。迪士尼的老闆華特·迪士尼曾經說過:「如果你
能想到,你就能做到。」

很多年輕人擁有挑戰自身極限的膽量、勇氣和慾望,他們
喜歡冒險 ── 即使危險超出了想像。他們總是想:「總有一天
我要征服……」至於為什麼,卻可能僅僅是為了尋求快樂,甚

至有人根本找不出為什麼要這麼做的原因。

然而，有過人生閱歷的人，將超越極限視為尋求人生滿足的必須經歷——每個人都應該以堅定的信心和運籌帷幄的膽識，回應生活的種種挑戰。每一次超越自我都會有太多的收穫——充滿風險的崎嶇小徑、刺激身心的旅程、宏偉壯闊的景觀、衝破桎梏的光明，以及邁向新人生目標的成就感。

俄羅斯運動員布卡是舉世聞名的奧運撐桿跳冠軍，被稱為「空中鳥人」。他曾經打破男子撐竿跳世界紀錄 35 次，他所保持的男子撐竿跳室外世界紀錄，迄今為止還沒有人能夠打破。

記者們曾向他提問：「你成功的祕訣是什麼？」

布卡微笑著回答：「很簡單。就是在每一次起跳前，我都會先將自己的心『摔』過橫桿。」

作為一名撐桿跳選手，布卡也有過一段痛苦日子，儘管自己不斷地嘗試衝過新的高度，但每一次都是失敗而返。那些日子裡，他甚至懷疑自己的潛力。有一天，又來到了訓練場。他禁不住搖頭歎息，對教練說：「我實在是跳不過去。」

教練平靜地問：「你心裡是怎麼想的？」

布卡如實回答：「我只要一踏上起跳線，看到那根高懸的標桿時，心裡就害怕。」

突然，教練一聲斷喝：「布卡，你現在要做的就是閉上眼睛，先把你的心從橫桿上『摔』過去！」教練的厲聲訓斥，讓布卡如夢初醒，頓時恍然大悟。遵從教練的吩咐，他重新撐起跳桿又試跳一次。

這一次，他順利地過去了，一項新的世界紀錄又誕生了，他再次超越了自我。

教練欣慰地笑了，語重心長地對布卡說：「記住吧，先將你的心從桿上『摔』過去，你的身體就肯定會跟著一躍而過。」

著名的心理學大師卡內基經常提醒自己的一句箴言就是：「我想贏，我一定能贏。結果我又贏了。」

在目標和挑戰面前，超越自我，贏得成功的最好辦法，就是讓自己的心先過去。

請記住：為何比如何更重要！寫下其中一個自己的目標，並在目標旁邊寫下 18 條實現它的理由。

要相信自己的潛能，就像愛迪生所說：「如果我們做出所

有自己能做的事情，毫無疑問地會使自己大吃一驚」人的潛能就是這樣，猶如一座待開發的金礦，藏量無窮、價值無比，事實上我們每個人都擁有一座潛能金礦。

這樣巨大的潛能由於沒有進行各種智力訓練，似乎尚未得到淋漓盡致的發揮。而在尋求極限體驗的過程中，隨著「極限時刻」的來臨，潛能會一次又一次被激發出來，使人感受到自身的力量無限。

在現實生活中也是如此，科學研究表明：平均而言，人腦至少有 90% ～ 95% 的潛能沒有被充分運用，人類目前所使用到的腦力只有極少的部分。埋葬才能就是浪費才能，善用才能必有佳績。一個人如果能夠充分挖掘自己的才能，他成功的機率就大得多。

有一位母親在回家時，看到 3 歲的兒子正從陽台向下墜落。她以驚人的速度飛奔上前，不顧一切穩穩地接住了兒子。一剎那之間的驚險，一剎那之間的意念，一剎那之間的巧合，就是在那一剎那的時間化悲劇為喜劇，用希望拯救了死亡。

這件事傳開之後，有人找來這位母親做了個實驗，從她飛

奔的起點到孩子落地的距離，以最快的速度再做一次衝刺，無論多好的獎賞和鼓勵，所有的測試結果，都無法突破當時的速度，這就是人們無法解釋的超越極限。

　　還有一位父親，平常只是個普通的農夫，當他看到自己的兒子被突然翻倒的卡車壓在車下時，這個只有 160 公分高、60 公斤重的農夫毫不猶豫地跳進水溝，雙手伸到車下，把車子抬高了起來，讓另一個跑來援助的路人把孩子救了出來。當地醫生很快地趕來了，為男孩檢查了一遍，確定只有一點皮肉傷，其他地方幾乎是毫髮無損。這個時候，農夫開始覺得奇怪了，剛才他去抬車子時根本沒有想過自己是不是抬得動。出於好奇，他再試了一次，結果根本就動不了那輛車子。

　　醫生解釋說：這是一個奇蹟，當身體機能對緊急狀況產生反應時，會大量分泌腎上腺素，傳到整個身體，產生出額外的能量。

　　農夫在危急情況下產生了一陣超凡的力量，腎上腺素影響的並不光是肉體反應，還涉及到心智和精神的力量。當他看到自己的兒子可能要被壓死的時候，他的心智反應是要去救兒子，

這就是精神上的刺激引發腎上腺分泌，賦予肉體潛在的強大力量。而如果危機需要更大的能量，心智狀態也可以跟著發出更大的力量。每個人通常都存有極大的潛力，只是大多數人沒有發覺罷了。

何謂超越自我，人人皆知，人人都想達到，卻總有可遇而不可求之憾。也許只有拋開了塵囂瑣事，凝神面對自我，尋求極限、挑戰極限時，在極靜與極動轉換間，才會發現，超越自我變得那麼自然；也會發現，自身蘊藏著無盡的潛能。

用快樂的情緒和堅強的信念去戰勝恐懼，才能夠把自己身體內部巨大的潛力發揮出來。如果你將來想做一個非凡的成功者，那就為自己製造機會，去體驗在精疲力竭的情況下挑戰極限的感覺。挑戰極限會使你重新認識自我，重新發現生命中原來有如此多的寶石，重新擁有全新的人生。

因此今生你至少要體驗一次那種令你心驚肉跳、精疲力竭的感覺，全力以赴地去跨越一次挑戰，將那種精疲力竭的感覺珍藏於心，並告知你的孩子，要他永遠記住 —— 挑戰極限，沒有不可能。

一定要陪**孩子**
做的 **31** 件事

PART 2
養成良好習慣 一定要做的事

「行為培養習慣，習慣形成性格，性格決定命運。」

習慣是一種力道，是一種能量。它看不見，摸不著，但它能使事情變得省力，變得容易。好習慣帶著人不由自主去學習、去工作、去助人。為什麼呢？因為學慣了，不學怪怪的；做慣了，不做不舒服；幫慣了，見到別人有困難就會想幫。

壞習慣使人不知不覺地，就會開始拖拖拉拉，開始任由自己懶惰，干擾其他人。明明知道不對，又為什麼要那麼做，就是因為習慣了，很多人都屬於這種情況。

　　三分鐘熱度，沒有一定計劃，沒有規律的生活和學習進度，都是因為習慣了。

　　因此家長要培養孩子的習慣，自己也要遵守一定的標準，不能隨意批評，胡亂訓斥，以為講過一番大道理就等於教過孩子了，必須要從孩子的行為入手，引導孩子把決心和口號落實到行動上。

　　行動從哪裡開始？就從力所能及的家務開始，從珍惜時間開始，從按時作息開始，從專心致志開始，從與人合作開始……終以將以好習慣取代所有壞習慣。

we all want the best
for our children

08 養成好習慣，
從整理房間開始

培養孩子良好的習慣必須有方式、有切入點，效果才會好。

播種行為，收穫習慣；播種習慣，收穫性格；播種性格，收穫命運。好習慣使人終身受益。

運動健身是一種習慣。每天清早的晨跑，可使你神清氣爽；每天中午的小憩，可使你精力充沛；每天傍晚的散步，可為你養精蓄銳。

俄羅斯大文豪列夫‧托爾斯泰一生熱衷於體育事業，堅持鍛鍊身體，使他以充沛的精力寫出了不朽的巨著《復活》、《戰爭與和平》。正如愛默生所說：「健康是人類第一大財富」。

只有珍惜自己的健康，成功的大門才有可能向你打開。

珍惜時間是一種習慣。在每週日的晚上，檯燈下可有你為了趕功課奮筆疾書的身影；在每天的早自習，可有你用飛快的筆跡抄寫作業的身影？新奇有趣的電視節目固然美好，變幻莫測的電腦遊戲固然刺激，然而漫漫人生路又有多少光陰任你浪費。

「一寸光陰一寸金」，短短的十分鐘便可瀏覽一下新聞，摘要一篇文章，熟記幾個單字。要像魯迅那樣將「早」字深刻於心中，讓分分秒秒不因為懶散而悄然流逝。

勤儉節約是一種習慣。水龍頭沒關緊的長長水流，辦公室的人去燈不熄，中午的剩菜剩飯，垃圾桶內沒吃完的零食堆積成山……勤儉節約真的是一種過時的觀念嗎？答案當然是否定的。

從厲行節約的晏嬰到「一錢太守」的劉寵，從一代名相魏徵到民主革命家──國父孫中山先生，都為後人留下憂苦萬民、勤勞天下的珍貴典範。只有勤奮才能創造成功，只有節約才能珍惜得來不易的成果，反之，則是社會衰敗，文明倒退。

Part 2
養成良好習慣一定要做的事

　　人生就是這樣，總會遇到各種各樣的苦難坎坷。它們可能是健康的危機、時間的流逝、勤儉的考驗。而你也會不難發現，只要有幾個好習慣，便可幫你度過險境，使你終身受益無窮！

　　「性格決定命運」，而良好的性格卻取決於習慣。讓孩子從小養成良好的生活和學習習慣，對孩子的將來會產生積極的影響。從孩子自我意識剛剛萌芽開始，就要重視培養孩子良好的生活習慣，對孩子的言談舉止、行動坐臥加以規範。盡可能培養孩子的自理能力，讓孩子自己負責自己的事情，學著自己穿脫衣服、洗臉洗腳、整理房間玩具、疊被子、洗襪子都要自己做。

　　要有系統地教育孩子「只要有人存在就有家務要做」，會做家務是人的一種重要的本領，在生活中要處處多學習、多參與。分配家務，讓孩子承擔自己的一份責任，洗碗、拿碗筷、盛飯、掃地、為客人倒茶端水等。在學習上，培養孩子良好的學習習慣，教育孩子當天的功課當天就要做完，要有時間觀念，認真完成作業，並要經常再旁督促檢查。

　　顯然，好習慣的培養，要從日常生活各層面去著手，無論

在生活上或學習上，要培養孩子良好的習慣必須要有方式、有切入點，效果才會好。下面有一些方法：

◆ 一、引導孩子少說空話，多動手做

應該把做白日夢和說大話的時間用在實際動手做上面，一次真正動手去做抵得上一打綱領，一次行動的價值要超過一百句口號，一千次決心。

◆ 二、首次慢動

開動大腦機器也要像開車一樣。第一次行動要慢，動量要小。比如說：培養孩子寫日記的習慣，第一次切莫要求高，只寫一句話就行。培養孩子學英語的習慣，第一次只記一兩個單字即可。

凡事不要一開始就急於求成，想一口全部吃完，這樣孩子便覺得目標太難以達成，反而失去了做事的興趣。

◆ 三、逐漸加速

有了首次慢動，尊重大腦的原始動力原則，慢慢地運轉起來了，像汽車一樣開了幾十公尺以後，就可逐漸加速了。

日記漸漸長到每篇寫兩三句話，英語單字每天背會兩個。

Part 2
養成良好習慣一定要做的事

孩子在慢動的基礎上，覺得可以接受逐漸增加的目標，不知不覺中，大腦這部汽車比以前運轉得更快了。

✦ 四、不怕慢，只怕站

遇到特殊情況，如意外的任務，身體有點小病痛，遇到不順心的事情心情不好，也要鼓勵孩子不輕易停止，只要能站直，就別趴下，只要還能行動就別停下。心情不好，寫不出太好的日記，也不要中斷，就算只是隨隨便便地東一句西一句記下自己當時的心情也可以，寧可少寫，也不要什麼都不寫。

某些情況下，非得把事情做得盡善盡美的想法只是偷懶的藉口，別把自己是完美主義的人掛在嘴邊。只要開始行動就比空想強，只要做，就比不做強，才是對的觀念。許多人沒有養成良好的習慣，常常就是跟無法達到盡善盡美，就乾脆什麼都不做的想法有關。

✦ 五、控制時間，制訂計劃

先有一點行動，然後逐漸增加行動的速度，孩子會漸漸開始感覺到做事的快樂。再來，為了進一步培養習慣，就要制訂比較全面的計劃，增強孩子對自我時間和空間的控制能力。

在時間安排上，和孩子商定從早到晚的行動計劃，什麼時間跑步、鍛鍊、上學、唱歌、看課外書、看電視，各項活動，各用多少時間，使每日、每週、每月、每年的時間安排都有秩序，有效益。在空間安排方面，則鼓勵孩子多待在能夠自我控制的環境，盡量減少人員出入較複雜的地方。訂計劃的時候，目標不要訂得過高，讓孩子覺得稍稍一跳，便可把水果摘下來。

✦ 六、進入軌道

孩子按計劃行動起來了，逐漸提高了學習效率，每天定時定量地鍛鍊、預習、做功課、背單字、寫日記、唱歌，到了某段時間就做某件事。如果遇到生病等特殊情況，就少做一點，做慢一點兒，但不會完全停下來不做。

按照這樣的計劃不停地做事，漸漸習慣這樣的作息，就會像慣性定律一樣越來越快，越來越穩，最後就如列車在軌道上行駛，像衛星進入了軌道，再也不會走走停停了。

進入軌道之後，當然也需要檢修。家長必須盡力防止破壞慣性的力量，比如說：外部干擾或是內部故障。面對外界不良習慣的引誘，家長要及時切斷。

　　對付內部故障，如情緒不佳、舊病復發、猶豫拖拉等的最好辦法，不是批評，不是訓斥，而是以最快的速度把孩子的注意力引導到當下力所能及小事上頭。人一旦真正開始動手做事，掌管猶豫拖拉等不良習慣的腦細胞，就停止運作了。

　　有了切入的方法，接下來就要尋求切入點了。就從整理自己的房間、玩具開始吧！這是孩子最早活動的空間，唯一他可以自己佈置東西的地方。

　　引導孩子整理自己的房間也是培養他勤勞習慣的開始，勤勞是人生的根本，古人說：「勤能補拙。」勤勞的習慣必須要從小培養，整理房間就是第一步。

09 改掉「明天再說」的口頭禪

明日復明日，明日何其多！我生待明日，萬事成蹉跎。

　　明代書畫家文徵明次子文嘉所做的《明日歌》、《今日詩》和《昨日謠》說的正是及時行動的重要。「明日復明日，明日何其多！我生待明日，萬事成蹉跎。世人皆被明日累，明日無窮老將至。晨昏滾滾水流東，今古悠悠日西墜。百年明日能幾何？請君聽我《明日歌》。」

　　一寸光陰一寸金，寸金難買寸光陰。身為父母，一定要在孩子小的時候就開始灌輸珍惜光陰的觀念，不讓他們有機會養成「明天再說」的壞習慣，讓他們將來回憶往事的時候，不致

因為虛度年華而悔恨，不為此生碌碌無為而羞恥。

朱自清在《匆匆》一文中寫道：「洗手的時候，日子從水盆裡過去；吃飯的時候，日子從飯碗裡過去；默默時，便從凝然的雙眼前過去。我覺察他去得匆匆了，伸出手遮挽時，他又從遮挽著的手邊過去；天黑時，我躺在床上，他便伶伶俐俐地從我身上跨過，從我腳邊飛去了。等我睜開眼和太陽再見，這算又溜走了一日。我掩著面歎息，但是新來的日子的影子又開始在歎息裡閃過了。」

這篇文章中流露了面對時光飛逝的感慨，正所謂：「逝者如斯夫，不捨晝夜！」珍惜時間是每個人必須要盡力做到的事情。

古往今來，凡是有所成就者，無一不是珍惜時光的楷模。

西漢時候，有個農家的孩子叫匡衡，他小時候很想讀書，可是因為家裡窮，沒錢上學。後來，他跟一個親戚學會了認字，才有了閱讀的能力。

匡衡買不起書，只好用借的。那個時候，書是非常貴重的，有書的人絕不肯輕易借給別人。匡衡就在農忙的時節，幫有錢

的人家打短工，不要工錢，只求人家借書給他看。

　　過了幾年，匡衡長大了，成了家裡的支柱，貧窮的他必須一天到晚在田裡幹活，只有中午歇息的時候，才有工夫看一點書，所以一卷書常常要十天半月才能夠讀完。匡衡很著急，心裡想：白天種莊稼，沒有時間看書，我可以多利用一些晚上的時間來看書。可是匡衡家裡很窮，買不起點燈的油，怎麼辦呢？

　　有一天晚上，匡衡躺在床上背白天讀過的書。背著背著，突然看到東邊的牆壁上透過來一線亮光。他霍地站起來，走到牆邊一看，啊！原來從牆縫裡透過來的是鄰居的燈光。

　　於是，匡衡想了一個辦法：他拿了一把小刀，把牆縫挖大了一些，這樣，透過來的光亮也多一些，他就這樣湊著透進來的燈光，津津有味地讀起書來。後來他成為一個大學問家。

　　現代社會已經不可能再出現「鑿壁借光」的案例了，雖然不需要真的去挖牆壁借光讀書，但珍惜時間本質卻仍然是可以借鏡的。無論是現今的還是古代的有識之士都必然是珍惜時間、真愛光陰的智者，只有這樣才能真正獲得成功！

　　有人戲謔地說：時間像女人的乳溝，只要肯擠，總是有的。

Part 2
養成良好習慣一定要做的事

對於那些不珍惜時間的人而言，寧可浪費掉瑣碎的時間，也不願意將它們集中起來，進行更有效的利用；而對珍惜時間的人而言，反而都覺得人生很短暫，時間很有限。

仔細來算，如果以 20 歲開始工作，60 歲退休計算，一生工作時間有 40 年，合計一般人一生有效工作時間約只有 1 萬天。

按照每天 8 小時工作制度來算，有效工作時間僅僅是 8 萬小時。因為每週工作 5 天，每年 52 周，則為 260 天，去掉節假日，剩下 250 天。

那麼，孩提階段用於學習的時間是多少呢？

如果從 1 歲開始學習到 20 歲，那就是 20 年，共計學習時間約 5 千天，4 萬小時。兩者相加，人這一輩子，有效學習和工作時間才 15000 天，12 萬小時，720 萬分鐘，4320 萬秒。

這確實是很有限的，尤其是面對資訊爆炸的現代社會，更是分秒必爭。古往今來的聖賢名人尚且十分「苛刻」地對待自己的時間，今時今日的人們就更不應該將「明天再說」掛在嘴邊了吧。

居禮夫人出生於波蘭，是一位物理及化學家，也是世界著

名的科學家。居禮夫人專門研究放射性現象，發現鐳和釙兩種放射性元素，一生兩度獲得諾貝爾獎，人們常為她的成就折服。在如此成就的背後，她也是一個非常珍惜時間的人。一次居禮夫人的父親想在客廳添一把椅子，她不要的理由竟是：有了椅子客人就會久坐不走。

發明大王，愛迪生也是一個「痛恨時間太少的人」。愛迪生從小就對很多事物感到好奇，而且喜歡親自去試驗一下，總是要試到明白了其中的道理為止。

長大以後，他根據自己的興趣，一心一意地做研究和發明的工作。他在新澤西州建立了一個實驗室，電燈、電報機、留聲機、電影機、磁力析礦機、壓碎機等等總計兩千餘項，都是他的發明。愛迪生對改進人類的生活方式，有著重大貢獻。

「浪費，最大的浪費莫過於浪費時間了。」愛迪生常對助手說。「人生太短暫了，要多想辦法，用極少的時間做好更多的事情。」

一天，愛迪生在實驗室裡工作，他遞給助手一個沒有封口的的空玻璃燈泡，說：「你量量燈泡的容量。」然後，便低頭

繼續埋入工作。

過了好半天，他問：「容量多少？」

他沒聽見回答，轉頭看見助手拿著軟尺在測量燈泡的周長、斜度，並拿了測得的數字伏在桌上計算。

他說：「時間，時間，怎麼花了那麼多的時間呢？」愛迪生走過來，拿起那個空燈泡，在裡面斟滿了水，交給助手，說：「把裡面的水倒在量杯裡，馬上告訴我它的容量。」

助手立刻讀出了數字。

愛迪生說：「這是多麼容易的測量方法啊，它又準確，又節省時間，你怎麼想不到呢？還去算，那豈不是白白地浪費時間嗎？」

助手的臉紅了。

愛迪生喃喃地說：「人生太短暫了，太短暫了，要節省時間，多做些事情啊！」

我們生活在資訊瞬息萬變的社會，我們的孩子、後輩還要接受更多的挑戰，需要學習掌握的東西更迭的速度當然比想像還更要飛快。因此必須從小培養孩子珍惜時間、珍惜光陰的良

好習慣，才能保證他們在未來的競爭中不被淘汰。

那麼，該從何做起呢？

就從改掉「明天再説」的口頭禪，開始吟誦「今日復今日，今日何其少！今日又不為，此事何時了！人生百年幾今日，今日不為真可惜！若言姑待明朝至，明朝又有明朝事。為君聊賦今日詩，努力請從今日始。」

和孩子一起加油吧！

10 制定一張
作息時間表

愛因斯坦曾經說過：「人的差異產生在業餘時間。」

「時間就是生命，時間就是金錢。」拿破侖‧希爾也曾經說：「成功的祕訣就是做好時間管理。」相信沒有一個人會說時間不重要。儘管如此，多數人仍然沒有時間觀念，大人尚且如此，更別說孩子了。所以說，培養孩子對時間的自覺意識非常重要。常言道：孩子是父母的縮影，父母是孩子的一面鏡子。父母做事爽快俐落，孩子也會如此；若父母老是散漫拖延，孩子做起事來怎麼可能聰明伶俐？

有些孩子從上幼稚園時就已經表現出行動散漫的特點，不

論是進餐，還是排隊、上課等等生活環節，很多孩子都過得「慢條斯理」。將來上了小學、中學乃至於走入社會，生活節奏快了，學習壓力大了，仍然維持散漫、拖延的時間觀念，怎麼可能適應得來？因此，家長要盡早培養孩子的時間觀念，引導孩子學習去安排一天的時間，比如做完功課再去玩耍，會玩得更盡興，更開心，藉以培養他們明白做事要有輕重緩急的順序。

有一些父母為了照顧孩子，暫時放棄了職業生涯。作為全職父母，時間便更加有彈性了，有的時候他們會想：反正上幼稚園又不是真正上學，早上睡到什麼時候醒，就什麼時候送孩子上學好了。久而久之，孩子就習慣了這樣的時間觀念，以為上學的時間不需要遵守。

愛因斯坦曾經說過：「人的差異產生在業餘時間。」正是因為這樣的觀念，愛因斯坦才得以成為舉世聞名的美國科學家，更是現代物理學的開創者，1999 年還被美國《時代》週刊評選為「世紀偉人」。

提出進化論的英國科學家達爾文也說：「我從來不認為半小時是我的一段渺小而微不足道的時間」。

Part 2
養成良好習慣一定要做的事

　　從這兩位大科學家的話裡，就可以看出他們是多麼重視時間，珍惜時間，同時也都非常善於運用時間。

　　身為父母希望孩子有所成就，就應該重視孩子對時間安排和運用能力的培養，從小樹立孩子的時間觀念。

　　那麼，作為家長如何培養孩子安排時間的能力呢？

　　首先，要讓孩子珍惜時間，養成愛惜時間的習慣。要孩子明白時間珍貴並不是一件容易的事，因為小孩不太容易理解時間是怎麼回事，面對生命長短，也不如大人一般有足夠深刻的體驗。一直要到少年時期，抽象思維比較發達，自我意識開始成熟，這時候他們才能逐漸明白，時間的無限和生命的有限。

　　但是我們不能消極地等孩子長到少年期，才開始進行珍惜時間的教育，而必須是從小教起。因為人們對生命的熱愛、對效率的體會、對無限和有限的理解，都有一個成長的過程，沒有早點開始充分準備，孩子就不會有真正明白的一天。更何況愛惜時間是一個逐漸養成的習慣，雖然孩子可能已經理解並認知到時間的重要，但並不代表他們可以養成珍惜時間的習慣。

　　其次，要講究效率。家長要教育孩子充分利用每一分鐘，

讓他懂得講究效率可以使時間變長；不講究效率，時間就會變短的道理。

第三，要將精力最充沛的時間，用來做最耗費精力、最重要的事。聰明的做法應該是：腦力、體力都最充沛的時候，選擇最重要、最需要腦力和體力的事情做；體力差時，就安排需要腦力的事情；腦子疲勞時，則選擇專用體力的工作，這時反而能使腦子得到休息。

第四，利用較長的塊狀時間，進行需要一氣呵成的事。有些事情，最好是用一整塊時間一次做到最後的結果。比如有一道複雜的數學題目，只用零星的時間去想，還沒想完就得去做別的事，下次再回到這道題目時又得從頭開始想，因為上次想到哪裡根本已經不記得了。所以説，面對需要塊狀時間的工作，必須集中時間專心致志，將事情一次完成，才能收到事半功倍的效果。

第五，固定安排一段時間，整批解決零散問題。對一些零散的小問題，急著騰出一段時間去完成，容易打亂其他事情的步調，但如果總是不做，也一樣會誤事。解決的辦法就是來個

「零存整取」，把零散的問題留下來，專門用一個時間，整批解決這些零散問題，快刀斬亂麻。

第六，為了明天有效率，今晚要睡個好覺。需要長期抗戰的工作就不要打算一個早上把它做完。有些事情，本身的性質就需要經過很長時間的醞釀，那就不要急躁。為了明天做事更有效率，今晚就要睡個好覺，以飽滿的精神迎接第二天。

第七，有時要「倒數計時」。有的事情有時間性，必須在某個日期前做到，這就可以使用「倒數計時」的方法安排時間了。例如，在一個月內必須完成的事情，算算還有多少天，自己就要規定每天的進度，沒有完成的要及時補上。如果不能按時完成，錯過機會，就會前功盡棄，十分可惜。

家長在為孩子制定作息時間表的時候，除了要尊重孩子的意見、結合孩子的特點外，還要注意到以下基本常識：

一、上午 9 點～ 11 點，實驗證明這段時間短期記憶效果出奇的好。對強記並馬上驗收的東西非常有效果，可以事半功倍。

二、正午 13 點～ 14 點，飯後人容易感覺疲勞，夏季尤其

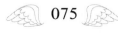

如此。休息調整一下，養精蓄銳，以利再戰。這段時間內可以休息睡個午覺，也可聽輕音樂，做做柔軟操。

三、下午3點～4點，調整後精神提振，此時長期記憶效果特別好。午休時間千萬不可過長，以免辜負了這段僅次於清晨，第二好用的時間。安排一些需「永久記憶」的東西，在這段時間閱讀。

四、傍晚5點～6點，實驗顯示這是完成複雜計算和耗費精力作業的最好時間，安排得當，可以用最短的時間進行複雜計算和作業。

五、晚飯後應根據各人情況妥善安排。吃過晚餐，休息一下之後，可分兩至三個時段，進行語文、數理等文理科目交叉安排；也可作難易交替安排。

當孩子能夠按照合理的作息時間表完成每一天時，就說明他已經學會了做時間的主人，按時起床、按時作息、按時上學、按時回家、按時做作業，學會了自己合理安排學習和玩樂的時間，進一步可以自行安排學業、工作甚至於人生的「作息」時間表。

11 心無旁騖地 做一件事

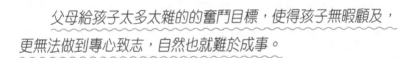

父母給孩子太多太雜的的奮鬥目標，使得孩子無暇顧及，更無法做到專心致志，自然也就難於成事。

先來看兩個小故事：

有一位父親帶著三個孩子到沙漠去獵殺獅子。

他們到達了目的地後父親問老大：「你看到了什麼？」

老大回答：「我看到了獵槍、獅子，還有一望無際的沙漠。」

父親搖搖頭說：「不對。」接著以相同的問題問老二。

老二回答：「我看到了爸爸、大哥、弟弟、獵槍、獅子、還有一望無際的沙漠。」

　　父親又搖搖頭說：「不對。」又以相同問題問老三。

　　老三回答：「我只看到獅子。」

　　父親高興地點點頭說：「答對了。」

　　這個故事告訴我們：一個人若想邁向成功之路，就必須有明確的目標。目標一經確立就要心無旁騖，集中全部精力，勇往直進。

　　另一則故事：

　　有位老師在講台上諄諄勉勵學生做事要專心，將來才會有成就。為了具體說明專心的重要，老師請一名學生上台，請他雙手各持一支粉筆，在黑板上同時用右手畫方，左手畫圓，結果學生畫得一團糟。

　　老師說：「這兩種圖形都畫得不像，那是因為分心的緣故。同時追逐兩隻兔子，不如一次追逐一隻兔子更容易追到。一個人同時有兩個目標的話，到頭來終將一事無成。」

　　這兩個小故事說明：要成功只能一次選定一個目標，然後咬住不放，鍥而不捨。再冷的石頭，坐上三年也會暖的。所以，不論就業、創業還是人生之路，一定要選好自己的目標。目標

選定了以後，萬萬不可操之過急，要勤奮努力，遭到挫折也不放棄。請記住這一句名言：成功最大的障礙，就在於放棄。人生就像爬階梯一樣，必須一步一階，絲毫取巧不得。只要一步一步來，目標就會一步一步接近，終必抵達山頂。

玉翔是一個常識豐富，精力充沛反應又快的孩子。父親對他的要求也很高，為他買了鋼琴，希望他成為鋼琴演奏家；為他買了畫板、雕塑和油畫材料，希望他成為美術家；為他買了很好的足球和上萬元的健身器材，希望他成為運動健將；為他買了古今中外的名著，希望他成為文學家；還為他買電腦，從最陽春的開始買，一代代更新，唯恐玉翔站不上時代的最前緣。

但令父親感到遺憾的是，玉翔已經 16 歲了，懂得許多知識和技能，但卻一樣也不精通。

隨著年齡的增長，爸爸對玉翔的期望越來越高，要求越來越嚴，希望他樣樣突出，希望他可以成為全才。可是玉翔對某些技能的興趣，卻不再像小時候那樣濃了。他練琴的時候明顯地心不在焉，父母不在家時，明明是規定練琴的時間，玉翔卻常常忙著看 DVD，一直到爸爸回來了才假裝練一練；畫畫也遠

遠沒有小時候那樣投入，小時候還可以獨立構思一些充滿想像力的兒童畫，長大了一點卻說不愛水彩喜歡油畫，但又嫌累不肯下功夫重頭去練油畫基本功。電腦他倒是很喜歡玩，但也只是玩玩遊戲或是和電腦下圍棋，唱卡拉 OK、看電影⋯⋯只有長輩在場的時候才會做點正經事。所謂正事，也僅僅是打打字而已⋯⋯

很明顯以玉翔的智力、體力和各方面的能力，如果有一項他極為喜歡的項目，很容易就可以成就出類拔萃，問題就出在父母給孩子太多太雜的的奮鬥目標，使得孩子無暇顧及，更無法做到專心致志，自然也就難於成事。

玉翔的爸爸希望他成為演奏家、美術家、書法家、文學家、詩人、足球明星、運動健將、博士、科學家⋯⋯冷靜地想一想，這可能嗎？

雖說「讀萬卷書，行萬里路，交一萬個朋友」，這只是一種比喻而已，真要孩子全部實現，就算這一生連 1 分鐘都不浪費也不可能。走萬里路還可以，5 分鐘一里路，萬里便是 5 萬分鐘。讀萬卷書便成了問題，從 1 歲讀到 60 歲，如果兩天讀一

卷，這已經夠認真夠快的了，但還是沒有辦法讀完。

交一萬個朋友就更是問題，平均每個朋友只能相處一天半的時間。

人的生命確實太有限了，以一輩子的有效學習和工作時間只有 4320 萬秒來算，如果通通用來說話，還說不到一億句；如果全部用來聽取別人的意見，那麼目前活著的中國人，只要聽取其中十分之一的人，每人提一條意見，聽者這一輩子就什麼都不能做了。

曾有人做過統計，當時各類大學設置的專業系所才一千多個，而社會所需要的各種行業，各類專門技術卻達兩萬多種。隨著社會的發展，行業、工作別會更多。就以兩萬多種來算，一個人一天學一種專業技術，一輩子也還是學不完。

因此作為家長，不要為孩子規定那麼多的奮鬥目標，更不需要希望孩子全知全能。

現代社會競爭激烈，家長希望孩子同時精通兩種技能，那是非常困難的。因為每一項專業技術都有許多人特別有天份，而且一心一意地反覆訓練、刻苦鑽研，因此誰只要一分心就會

落到別人後面。

　　家長可能會問，那麼該保留哪一個呢？明智的家長應該跟孩子商量商量，先看看他對哪方面最感興趣，然後再分析一下，他在這個部份有沒有天份。

　　如果你的孩子特別喜歡踢足球，但他個子不高，體質又弱，跑的速度也不快，那麼足球就不能作為首要目標，不然容易失望。可是你發現他喜歡讀小說，喜歡寫文章，也樂於思考分析各類人的心理，那麼朝著寫作的方向發展，成功的把握相對就比較大了。即使不想當作家，繼續朝這個方向努力，將來以這項專長考入好大學也沒問題，畢業後也能夠進入可以發揮所長的工作領域。

　　只有朝著一個方向，心無旁騖地做一件事，才最有可能成為專才，離成功越來越近。

12 和別人
愉快地合作

人的成長過程離不開相互合作，熱情就是一種創造力。

競爭與合作，通常被認為是彼此對立的關係。其實樹有長短、人分高低、水有清濁、面分醜俊，在社會生活中人們都離不開競爭與合作。競爭與合作永遠是緊密相連的一對「連體嬰」，是兩種不同的人際互動關係。

人們口中常說的競爭，是兩個或兩個以上的個體，在某項活動中力爭勝過對方的行為。即雙方爭奪同一個目標，並且只有一方可以拿到勝利，另一方必須接受失敗。合作則是兩個或兩個以上的個體，為實現共同目標在某項活動中聯合作業的行

為。雙方有一致的目標，並且共享結果。

實驗證明，合作中保持競爭關係，就能突破孤軍奮戰的局限，把自身優勢與其他企業的優勢結合起來，把雙方的長處以最大的力量發揮出來，既提升自己也提升別人，實現雙贏或多贏，這才是最終目的。

有個傳說：

玄奘法師剛剃度的時候在法門寺修行。法門寺是個香火鼎盛的名寺，每天晨鐘暮鼓，香客川流不息。玄奘想靜思養神，潛心修身，但法門寺法事應酬太頻繁，又感到自己雖青燈黃卷苦苦習經多年，談經論道卻遠不如寺裡的許多僧人。於是玄奘便想尋一個偏僻靜謐的深山小寺埋頭苦修，希望可以出人頭地。

方丈知道後，有一天便帶領玄奘到後山的林子裡，要玄奘在此靜修。玄奘於是盤坐拿出經書來，正準備研讀，抬眼卻看到遠離林子的幾棵樹，由於不愁沒有陽光，也沒有其他樹木和它們競爭生長的土地，長得亂枝縱橫，樹幹又短又扭曲，完全無法利用，只能做煮粥的薪柴而已。而這邊林子裡的每棵樹卻都長得又修長、又挺直，因為它們長在一整群樹林裡，為了一

縷陽光，一滴雨露，它們都得奮力向上生長，結果棵棵都是可以做為棟梁的上等木材。玄奘於是明白了方丈的用意，回到了法門寺內苦心潛修，終於成為一代名僧。

這個故事告訴世人：一個人要成就非凡，是不能遠離社會這個群體的，就像大樹遠離森林生長，就無法長得又直又挺一樣。同樣，孩子在學齡期間也不能離開學校、家庭、班級等等體驗群體生活的場合，因為他們的成長過程與這些地方息息相關。

在管理學上有一個著名的「木桶理論」，是指用一個木桶來裝水，如果組成木桶的木板參差不齊，那 它能盛下多少容量的水，並不是看這個木桶中最長的木板有多長來決定，而是由最短的木板所決定的。

「木桶理論」引伸到一個群體的合作，意思是說：決定一個團隊戰鬥力的並不是能力最強、表現最好的人，而是那個能力最弱、表現最差的落後者。因為，最短的木板限制了最長的木板，決定整個團隊的戰鬥力，影響了團隊的整體實力。

也就是說，只有想辦法讓短木板達到長木板的高度，或讓

所有的板子維持相等的高度，才能完全發揮團隊作用。這就要求每個團隊中的人都要學會與人合作，才是成功的開始。

合作就是人與人之間相互配合的意思，一個人能否成功，多半取決於他與人合作的能力。「做得到」的含義，並不是「我做得到就行，別人怎樣無所謂」，而應該是「取人之長，補己之短」，當大家的程度相當時，就可以達到最佳的效益。

有一個獵人，在湖邊埋設了網子想要捕鳥。

不久，很多大鳥都飛入了網中，獵人非常高興，趕快收網預備把鳥抓出來。沒想到鳥的力氣太大，反而帶著網子一起飛走了，於是獵人便追在網子後面拚命跑。

獵人一路追到了田邊，農夫看到了，笑著對獵人說：「算了吧，不管你跑得多快，也追不上會飛的鳥呀。」

但獵人卻堅定地說：「不，你根本不知道，如果網子裡只有一隻鳥，我真的追不上，但現在有很多隻鳥在網子裡，我一定能追到。」

果然，到了黃昏，每隻鳥兒都想回自己的窩，有的要回森林，有的要回湖邊，有的要回草原，各自順應本能朝著各自的

方向飛，結果當然飛不動，網子便掉到地上，所有的鳥都被獵人給活捉了。

這就是「千人同心，則得千人之力；萬人異心，則無一人之用。」的道理，只有齊心協力、精誠團結，才能形成最大的力量，反之只會導致內耗、衰敗。

現代社會需要富有合作精神的人。有的父母很愛自己的孩子，但是卻不願意讓孩子跟其他的小孩玩，慢慢地，孩子沒有機會從玩的過程中與其他小朋友互動，最後養成了孤僻的性格，不懂得合群，因此長大後常常因為不能處理好人際關係而陷入苦惱之中。若想讓自己的孩子擁有快樂的人生，就一定要讓他從小學會與人合作。

該如何學會與人合作呢？最重要的是必須真正認識別人。要讓孩子明白與人交往，一定要尊重人、看重人，使對方覺得他在你心目中很重要。

有一個事例是這樣的：

在紐約街頭，一位乞丐打扮的人在地攤上賣著鉛筆，一個商人從他身旁經過，順手把一元的紙鈔丟進放鉛筆的杯子裡

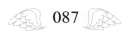

後，便匆忙踏進地鐵。但很快地，他好像想起了什麼，又轉身回來，走到賣鉛筆人跟前，從杯中取走幾支鉛筆，並很抱歉地解釋說，他匆忙中忘記取走鉛筆，希望地攤的乞丐不要太介意。他還說道：「你跟我都是商人，你賣的是鉛筆，而且上面都有標價。」說完，便繼續趕著去搭地鐵了。

幾個月後，在一個社交聚會上，一位穿著整齊的推銷員迎向這個商人：「你可能忘記我了，我也不知道你的名字，但我永遠也忘不了你，你就是那個重新給我自尊的人。我從前是個賣鉛筆的乞丐，直到那天你告訴我，我是一個商人為止。」

在這個世界上，每一個人都有很大的潛能，你不僅要知道自己的潛能在哪裡，也要瞭解別人有多大的潛能。你尊重了別人，別人也會尊重你、看重你，這樣，你和他才有可能成為真正的朋友，你的事業才有可能獲得成功。

除此之外，要學會與人合作，就要對別人真誠地感興趣。一個人只有真誠地對別人感興趣，他才會得到很多朋友。有的父母只要求孩子關心自己的學業成績，其他的事情一律不許過問。久而久之，孩子養成了只關心自己的習慣，只要求別人滿

足自己，至於別人有什麼困難，他們並不懂得去思考。他們享受不到幫助別人和得到別人幫助的樂趣。

　　一個作家要想寫出暢銷書，一定要對讀者感興趣；一個藝術家要想贏得觀眾的掌聲，一定要對觀眾感興趣。孩子終究要走入社會，無論從事什麼工作，都要和人打交道，只有對自己工作的對象感興趣，才能散發出熱情，熱情就是一種創造力。

　　最後，要學會與人合作，就要給予別人誠摯的關懷。人與人之所以成為朋友，正源於他們之間相互惦記，相互牽掛。我們每個人都生活在群體中，每個人的點滴進步、成長、發展都要凝聚群體的力量、緊密相連，就像枝葉、果實離不開大樹、土地和陽光一樣，根夠深、枝幹夠粗才能枝繁葉茂、果實豐碩。所以說一個人的成長離不開群體，換個角度說，也就是人的成長過程離不開相互合作。

13 用好習慣
取代壞習慣

英國教育家洛克說：「習慣一旦養成之後，便用不著借助
記憶，很容易很自然地就能發生作用了。」

「習慣」是指從小養成、不易改變的生活行為。「好習慣」
就是良好的、對他人及自己都有好處的習慣。

好的習慣能使人終身受益，並能獲得成功。電燈的發明者
愛迪生小時候就是一個愛追根究底的孩子，愛觀察，愛思考問
題，愛追本溯源，這樣的好奇心就是他向新奇大千世界求知的
鑰匙。

在愛迪生 4 歲時，有一次到了吃飯的時間，仍不見愛迪生

回來，父母親很焦急，四下尋找，直到傍晚才在鄰居的草棚裡發現了他。

父親見他一動也不動地趴在草堆裡，就非常奇怪地問：「你這是在做什麼？」

小愛迪生輕輕地移動身體，父親這才看到原來草堆裡放了好幾顆雞蛋。

小愛迪生不慌不忙地回答：「我在孵小雞呀！」

原來，他看到母雞會孵小雞，覺得很奇怪，自己也想試一試。當時，父親又好氣又好笑地將他拉起來，告訴他：「人是孵不出小雞來的。」

在回家的路上，他還迷惑不解地問：「為什麼母雞能孵小雞，我就不能呢？」

從小對事物的好奇心養成了愛迪生探索科學知識的良好習慣。他強烈的求知慾以及設計實驗證明假設的願望，終於使他成為一個舉世聞名的發明家。

那麼，不良的習慣又會為我們的生活帶來什麼呢？日本有一家食品公司要招聘衛生檢驗員。一位衣冠楚楚、氣度不凡的

年輕人自信地走進了總經理辦公室，他優雅的談吐，豐富的專業知識贏得了總經理的好感。沒想到就在年輕人轉身離開的時候，他下意識摳了一下鼻孔，這個不起眼的小動作沒有逃過總經理的眼睛。結果可想而知：一個沒有良好衛生習慣的人怎麼能夠做衛生檢驗員呢？

當然，年輕人大概這輩子都不會知道是他「摳鼻孔」的壞習慣改變了他的前途，讓到手的飯碗被別人端走。

還有一個故事：

鈺雄是一個人見人愛的孩子，老師、同學、鄰居、朋友都說他很聰明，但成績總是忽高忽低。高興時，他用功一陣子，成績就很突出；成績一變好，他便又開始貪玩偷懶，當然成績也就跟著掉下來，只好重新再努力。鈺雄的成績就是這樣反反覆覆，從沒穩定過。

鈺雄的老師根據自己 20 年的教學經驗分析，認為這個同學成績不穩定的主要原因是 —— 沒有良好的學習習慣。

據相關統計，對 90% 的學生而言，成績是好是壞，智力因素只佔 20%，非智力因素占 80%。而在信心、意志、習慣、興趣、

性格這些非智力因素中，是否擁有好習慣，更佔有重要的決定因素。出類拔萃的孩子，一般都具有良好的學習習慣。

　　一位 13 歲就跳級到科技大學的學生，成功的祕訣就是從小養成良好的學習習慣。

　　他為自己的學習進度制定量化的標準，並養成習慣。比如說：他規定自己每天都要記 10 個英語單字，即使是跟著父母外出旅行也從不間斷。一年下來，累積總共記住了 3000 多個英語單字。

　　他有定時學習的習慣。該唸書的時候他一定是在唸書，該玩的時候才會盡情地玩，他有很強的自制力，不需要別人提醒。就以聽英語廣播來說吧，他每天總是會準時打開收音機。他學習時習慣非常專注，從不心猿意馬，做白日夢。

　　有人認為：牛頓的第一個運動定律，即物體在沒有外力作用的情況下，可以保持定速運動或靜止的狀態，也適用於人的心理。其實這很有道理。一位勤奮慣了的孩子，不用別人說也會自動學習。如果外人強迫他停止學習去打電玩，他會覺得不習慣，甚至厭煩別人的打擾，拒絕去做其他的事情。至於一位

懶惰慣了的學生，總是一個口令一個動作，甚至就算別人說他，他也懶得動。被家長老師逼得沒辦法了，才學一點，外力一停，立即又不動了。這就是習慣的力量，但它能使事情變得省力，變得容易。

習慣猶如劍的兩面刀刃，好習慣可以提高人們學習、工作、生活的品質和效率；而壞習慣則會影響一個人做事的結果，甚至危害身體的健康。對於願意求上進的人來說，盡量養成好習慣，摒棄壞習慣，會對自己的一生大有裨益。

亞歷山大帝王圖書館發生火災的時候，館裡所藏圖書幾乎被焚燒殆盡，但有一本不太貴重的書卻被保存下來了。有個只認識幾個字的窮人，花了幾個銅板買下了這本書。

這本書的內容並沒有很大意義，但書頁裡面卻藏著一樣非常有趣的東西：一張薄薄的羊皮紙，上面寫著「點鐵成金石」的祕密。它所說的「點鐵成金石」，就是一塊具有魔力的小圓石，這塊圓石能把任何普通的金屬變成純金。

小紙片上寫著：這塊奇石就在黑海邊，但是奇石的外觀跟海邊成千上萬的石頭沒什麼兩樣。謎底在於：奇石摸起來是溫

的，而普通的石頭摸起來是冰涼的。

　　這個窮人於是變賣了家當，帶著簡單的行囊，露宿於黑海岸邊，開始尋找「點鐵成金石」。他知道，如果他把摸起來冰涼的石頭隨手就扔掉的話，那麼他可能會無法辨認真正的奇石，重複地撿到已經摸過的石頭。為防止這種情形的發生，每當撿起一塊冰涼的石頭，他就往海裡扔。

　　一天過去了，他撿的石頭中沒有一塊是書中所說的奇石。一個月，一年，二年，三年……他還是沒找到那塊奇石。但是，他不氣餒，繼續撿石頭，扔石頭……。有一天早上，他撿起一塊石頭，一摸，是溫的！但他竟然順手就把它扔進海裡了，因為他已經養成了往海裡扔石頭的習慣了。

　　這個扔石頭的動作太順手了，以至於當他一生夢寐以求、苦苦尋覓的奇石出現時，他仍然習慣性地扔到了海裡。

　　英國教育家洛克說：「習慣一旦養成之後，便用不著借助記憶，很容易很自然地就能發生作用了。」事實確實是這樣的。

　　就拿那個窮人來說，他多少年餐風露宿，苦苦尋覓，為的就是那塊「點鐵成金石」。可是當他找到後，他卻習慣性地扔

到了海裡。

　　不是他不想要那塊奇石，而是往海裡扔石頭的習慣動作迫使他做出了令人遺憾的蠢事。他的點鐵成金夢，也像肥皂泡一樣頃刻破滅了。

　　「習慣真是一種頑強而巨大的力量。它可以主宰人生。」培根所說的話，就像是說給那個窮人聽似的。對今天的我們來說，當然具有警示的意義。作為父母一定要培養孩子的好習慣，改變現有的壞習慣，有好習慣才能成就他的學業、事業和美好人生，否則，他就有可能成為那個將「點鐵成金石」扔進海裡的窮人，而且是不由自主的，習慣性的背對著成功走。

PART 3
增進親子感情 一定要做的事

　　隨著社會的發展、生活水準提高以及家庭結構的變化，每位家長都越來越重視對子女的教育，提倡利用親子遊戲，拉近長輩晚輩間的距離，藉以逐漸形成家庭生活中民主、平等的氣氛，這樣的親子互動對孩子的成長具有特殊而長遠的意義。

　　親子間如果能夠有非常緊密的關係，一則可以促進家長與孩子之間的情感交流，二則對兒童各方面的發展非常有益，對親子雙方的身心健康幫助也很大；最重要的是，從親子遊戲中，幼兒學會對待外界人事物的態度、方式以及方法，並將之轉移到自己的現實生活中去實踐。

　　總之，家庭是孩子成長的搖籃，對孩子所產生的影響涉及全方位，甚至終身都會受其影響。所以說家庭教育的取向決定了孩子日後發展的潛力與趨勢，為了孩子的身心發育和親子關係的和諧發展，我們不僅要重視親子感情的培養，還要學習各種方法，帶領父母與孩子間更加緊密的聯繫。

　　親子發展到現今已經是一個非常普遍的名詞，甚至還有許多課程是針對親子共同成長而設計，比如全家一起做遊戲，一起DIY，一起欣賞精彩的電影或卡通動畫片，一起探索未知，一起實踐計劃……您早就做到了，不是嗎？

we all want the best for our children ♥

14 和孩子 享受快樂遊戲

與孩子一起動手DIY，是親子感情聯繫最好的時機，各位 父母一定要好好運用哦！

親子關係基於血緣，是人世間最天然而永久的情感聯繫。 天倫之樂，開始於夫妻組合成了家庭，而後生下孩子，於是產 生父母親與孩子之間的親子互動。

大部分的父母不太容易真正拋開一切束縛，加入孩子們的 遊戲中去，往往只有孩子們才知道怎樣把最乏味的環境變成有 趣的樂園，怎樣度過大好時光。

成年人無法像孩子一樣，從山坡上滾下來，或是遮住眼睛

玩木頭人的遊戲，究竟是為什麼？不可否認地，我們曾經純真的童心，在披滿荊棘的成長路上，已經失落在某個未知的角落，蒙上了灰塵。

表面上，我們一本正經、是非分明，有太多的規則和禁忌。其實，每個人的內心深處仍然是一個天真的孩子，它喜歡在草地上打滾，不在乎把衣服弄髒，也從沒在意過別人如何看待他。

就像詹姆士‧科瓦諾夫在他的詩歌《小男孩啊，我失去了你》中，所表達出來，很多小頑童仍然常駐心中的感覺：

「小男孩啊，我失去了你，

你爽快的笑和無視疼痛的精神都跑到了哪裡？

你盡情地玩、盡情地鬧，無憂無慮……

你何時失去了天真的感覺，年輕的心不再容易顫抖。

大人的沉悶、登山的恐懼和世俗的吵鬧，

去哪裡尋找生活的意義？

越是苦苦追求、越是得不到，

追求的痛苦反而使你遠離童年的樂趣。」

　　是啊，我們一邊任由最寶貴的童心逐漸凋零，另一邊卻仍苦苦追求快樂，這豈不等於緣木求魚。眼看快樂一天天遠離，失落一天天沉重，我們卻還在原地思考：快樂在哪裡？

　　挪威的奧納夫‧古爾布蘭生是當代最傑出的漫畫家之一，讓我們來看看他是怎樣回憶他的童年趣事。奧納夫‧古爾布蘭生（Olaf Gulbransson），出生於挪威首都奧斯陸，二十歲後赴德國慕尼黑參加漫畫雜誌編輯工作，便再也沒有離開了。

　　他的其中一本著作《童年與故鄉》本來應該翻譯成《從前》，出版於 1934 年，是他童年生活的記錄。內容包含四十篇散文，兩百幅漫畫，非常生動有趣地描述他的孩提時代、家庭、學校、軍隊、初戀以及過往的頑皮事蹟，同時也提到了北歐的大自然風光，還有動物、山林以及純樸粗野的農民生活。他對童年印象深刻，並以這樣的文字紀錄著自己對孩提時代的懷念：

　　「我 4 歲的時候，草比我高得多。草上面的東西我見到的不多，但草裡面卻是很好玩的。

　　草裡面有鳥兒，牠們把草莖連攏起來做巢。雛鳥們還沒有

眼睛，我用我的手指觸著巢的時候，牠們以為爹娘來了，便把嘴巴張開，於是我把我的唾液塗在草莖上面餵牠們，我把草莖插進牠們的嘴巴裡去。

當時路易 12 歲，我 5 歲。他教我捉蝴蝶，可惜我捉不到。他後來指著地上的一個洞給我看，說道：『如果你把你的帽子放在這洞的上面，便可以關住很多蝴蝶，你可以把牠們全部捉住。』他把那個洞確切地指給我看之後，便溜走了。……」

一個著名人物對童年也有如此生動的回憶，他還記得當時小小的心靈裡，關心著的就只有草叢裡發生著的故事。對我們而言也一樣，當你還是一個孩童時，你也曾像那個男孩一樣作過很多傻里傻氣的事，也曾愉快地跑跳、嬉戲打鬧，完全不像你現在這樣時刻記掛著下一步應該怎麼做，未來又有多困難。

小時候的你雖然只有短短的下課時間，必須馬上回到教室上課，必須參加考試，必須關心朋友和服從老師的指導。儘管面臨著如此多的困擾，但是你仍然具有擺脫煩惱的奇妙能力——能夠泰然處之，順其自然。

總之，你從不讓還沒發生的煩事纏身，尚未失去活在當下

的超能力，所以能充分體會快樂。然而，步入成年之後，你就會發現你漸漸忘了如何活在當下的訣竅，並堅持確信這個超能力不可能失而復得了。

其實，每個人的內心都仍然是一個天真的孩子，喜歡在草地上打滾，不在乎把衣服弄髒，更不管別人的眼光。

如果哪天你突然發現內心失去了天真，那麼它應該還離你不遠，你很容易就能重新與它接觸。要知道，最大障礙其實在於你不願意結識並接受你內心的小孩童。

一位著名兒童教育專家說過：家長給小孩子的教育，除了培養良好的生活習慣外，就是透過與孩子進行親子遊戲來告訴他們社會的規則。這就是為甚麼出現越來越多親子關係的研究報導，並根據研究設計出親子遊戲的原因。只要家長願意多涉獵這些資料，親子遊戲是非常好的教育方法之一。

來吧！把報紙剪成長條圍在腰上做好草裙之後，選擇一首快樂的音樂，隨著輕快的節奏和孩子一起扭動全身，跳個草裙舞，運動一下！

不管是多大的孩子，都可以由爸爸媽媽牽著他的手，一起

扭一扭、動一動。這個遊戲,不僅練習了節奏感,也得到聽覺的刺激,親子情誼也會更加密切。

　　有空,還可以DIY做個風箏,到戶外去跑一跑。買小販攤子上賣的風箏放到天空中,對於孩子來說,能參與的部分實在太少了,他們總是只能看著大人把風箏放上天空,最多偶爾拿一下繩子,這對他們來說沒有參與的成就感,也不太有趣。但是用棉繩綁著細長的竹子,貼上報紙還有裝飾做成的簡易風箏,卻善用了報紙輕、軟的特性,孩子拉著棉繩一快跑,紙鳶就會跟著飛了起來,雖然不能飛很高,但風箏的尾巴隨著腳步在空中飛揚,對孩子而言是不是更有參與感呢?這個遊戲既增加孩子腿部的肌力,也同時練習了跑步的速度和技巧。

　　與孩子一起動手DIY,是親子感情聯繫最好的時機,各位父母一定要好好運用哦!

15 陪孩子看精彩的 卡通動畫片

不要將太多的知識或道德的教育價值寄託在卡通片的觀賞過程中，我們希望孩子們得到的其實就是簡單的愉悅和歡樂。

對孩子來說，卡通動畫片的功能與遊戲類似，都具有自我教育的功能，同時也是孩子人生的經驗，是對學習、想像力的啟發。

有報導提出，一些經典優秀動畫經過多年仍然非常受孩子歡迎，像《米老鼠和唐老鴨》、《獅子王》、《湯姆貓和傑利鼠》等。主要原因是這些卡通動畫片製作精良，人物形象可愛，想像力大膽豐富。而像《巧虎》、《天線寶寶》等，孩子們看過

以後可以從中學習語言、生活、知識。而像《名偵探柯南》、《鬼馬小精靈》、《多啦Ａ夢》──這些充滿想像力的作品，不僅給孩子愉悅的享受，對孩子的想像力，及邏輯推理也很有啟發。

現在，動畫電影每年都有好片推出，不僅構圖精美，配樂令人陶醉，情節也很正面，充滿人文氣息，可以陶冶好的價值觀，比如《獅子王》訴說父子間的親情、《天空之城》帶有環保意識、《鐘樓怪人》藉由雨果的世界名著，帶領孩子見證聖母院美麗的玫瑰花窗、《泰山》探索人類與動物間的情感，也解釋人類與動物間的不同宿命、《海底總動員》中千里尋親的深刻情感……等等，都是充滿親情、讚揚善良的作品。

當然，必須注意的是：卡通動畫片並非都以孩子為主要觀眾群，因此家長要嚴格為孩子選擇。有一些卡通動畫片充滿著打鬥的暴力場面，孩子容易模仿，對身心健康發展有所影響。

卡通動畫片可以開發孩子的想像力，充滿奇幻旅程的動畫，自然而然就可以啟動孩子的想像力，也很容易引導孩子接受內容所宣導的觀念，暫時幫助孩子抽離現實中的不愉快經歷。

滑稽、幽默是卡通動畫片的基本要素之一，孩子受卡通動

畫片的耳濡目染，就算學不會創造幽默，至少也可以學會欣賞幽默，帶給孩子及身邊的人快樂。

卡通動畫片也可以滿足孩子的求知慾，孩子的好奇心和興趣隨著情節內容越來越擴大，跟隨著故事起伏抽絲剝繭，他們能找到很多問題的答案，以動畫形式所呈現的形象生動，易為接受，更是令孩子印象深刻。

優秀卡通動畫片都宣揚真、善、美，也可以淨化孩子的心靈，為孩子提供可供模仿的思想和行為規範，促進孩子是非觀念的形成，培養良好的道德品質。

不過，看了太多的動畫也會有消極的影響：孩子具有強烈的模仿力，而且辨別是非的能力還有待加強，尤其年齡小的孩子幾乎不懂得分寸，什麼樣的行為會造成什麼樣的後果，他們並不瞭解。充斥暴力的卡通動畫片家長若沒有加以限制，會使孩子誤以為暴力是合理的，生活中如果出現不如意，也往往用暴力來解決問題。

老是看卡通動畫片，相對地就減少了戶外活動的機會，使孩子失去了很多與實際生活接觸的機會，妨礙了孩子對自然物

質的真實感知及活動能力，而且缺乏與其他人言語的交流，在一定程度上會影響孩子的言語表達能力。

長時間盯著電視螢幕看卡通動畫片，對孩子身體也會造成一定的傷害。電視有高頻輻射，減少了孩子眼球運動的機會，導致視力下降。

邊看卡通動畫片邊吃飯則會使孩子的胃腸消化功能降低，導致身體健康狀況下降。

當今的孩子，是在卡通動畫片、電腦遊戲、網路包圍的環境中長大的。很多家長擔心自己的孩子無法辨識四面八方蜂湧而來的訊息，因此受到不良影響。但是只要我們用心陪伴孩子、幫助孩子進行選擇，孩子仍然可以從中受益。

正因為卡通動畫片在孩子生活中不可或缺，如何讓孩子從欣賞的過程中得到正面的影響，是家長最需要重視的問題。

一、作為父母不能剝奪孩子看卡通動畫片的權利，這是現代孩子的生活方式。

二、父母應隨機引導孩子談論、比較、評價卡通動畫片中的人物、情節，讓孩子講述其中優美的文學語言，真正體驗其

精神內涵。讓孩子成為主動的認知建構者，而非消極被動的欣賞瀏覽者。

三、父母要進行篩選，給孩子提供健康、積極的卡通動畫片。片中不能宣揚血腥和暴力、不能漠視人類最美好的情感，如果這兩點都做到了，這部卡通動畫片基本上是合格的。

當然，合格的卡通動畫片未必就是孩子喜歡的，必須要切合孩子的需要。比如說：孩子未必就喜歡那些成人認為精緻而完美的動畫片，而可能更喜歡在成人的眼裡太過簡單、無情節的卡通，他們可能對其中某些動畫人物的動作或標誌性的重複語言感興趣。

如《天線寶寶》對許多家長而言就沒什麼意思，但是幼齡的孩子們就是喜歡天線寶寶出場打招呼和謝幕再見的場景，從不厭倦。不要將太多的知識或道德的教育價值寄託在卡通片的觀賞過程中，我們希望孩子們得到的其實就是簡單的愉悅和歡樂。

家長除了關心卡通對孩子知識、道德層面的教育，應該更關心片中圖像、聲音、人物等傳遞的美學和娛樂價值，關心它

在孩子快樂童年所產生的意義。

四、孩提時期是人類成長發育的快速期，這時孩子柔嫩的器官對有害的視、聽覺刺激敏感性比較高，所以應盡量避免孩子長時間或近距離看電視，同時電視的音量也不要過高。

孩子看卡通，除了需要有所選擇，適當控制時間也很重要。父母要時常陪孩子一起看卡通動畫，為他們解釋其中的情節，一方面既可以增長見識，又可以享受親子時光。

和孩子一起看精彩的動畫片吧，每天看一集，並告訴他，你想當裡面的哪一個人物。有些家長將卡通片當作保姆，家長忙自己的事，孩子乾脆完全交給電視上播著的卡通片，這種情況需要改善。試著在每天的清晨、晚飯前觀看一段時間的卡通就好，時間不要太長。那麼，剩餘一大半待在家裡的時間怎麼度過呢？是的，原來閱讀也是孩子們樂於做的事情喔，自己看圖畫書，或是父母晚飯後為孩子們讀故事書……就算沒有卡通動畫的日子，孩子依然可以快樂生活。

這絕不是否認卡通動畫片對孩子成長的積極意義，只是告訴家長，卡通片並不是孩子成長過程中的唯一選擇。

16 引導孩子正確上網、看電視

藉力使力，充分發揮電腦的功能，使之成為學習的好幫手，並引導孩子正確使用網際網路。

電視、電腦已然成為每個現代家庭必備、必然接觸的媒體了，迷戀於此的孩子也越來越多。有的因沉溺網路、電視劇而耽誤了學業，甚至沒日沒夜無法自拔，原本為了能使訊息廣泛傳播的電視、網路，一時間成了「洪水猛獸」，傷害著無數的孩子。因此家長要積極給予正確的引導，幫助孩子正確認識電視、電腦的價值。

21 世紀被喻為網路時代，世界縮小成眼前的螢幕。網際網

路、電視等媒介是現代社會文明的強大支柱，也是孩子學習知識、收集訊息、擴大視野的得力工具。但它們所造成的負面影響，也不可否認。當它們迅速展開一個虛擬世界時，孩子們似乎猝不及防，沒有做好應對的準備。

面對孩子沈迷網路的問題，一味禁止並不是真正解決問題的辦法。我們總是告訴孩子，不可以如何如何，但卻很少跟他說到底該怎麼做。靜下心來想想，關於上網、看電視，家長們除了責罵孩子不該沉淪之外，還教過他們什麼？

看來，必須找出一套新的辦法，來教育的孩子如何正確地使用網路、電視。只要父母能夠客觀正確地引導，相信大多數孩子還是能夠正確地對待這個新鮮事物的。

首先，家長有責任及義務提供孩子學習的機會，如果隨便剝奪了孩子利用網際網路及電視學習知識和新科學技術的機會，可能就徹底斷了他和外界的聯繫。家長應該給孩子正確的觀念，網際網路或是電視娛樂只要正確地利用，那麼學會從網路上蒐集資料進行研究，或從電視節目上吸收豐富的常識，是一件可以引以為傲的事情。但如果背離了這些原則，總是迷戀

不健康的內容，毫無節制的上網、看電視則是一個糟糕的習慣。

其二，網際網路或電視對孩子生活的利害關係，家長本身要有清楚的認知。客觀地講，網際網路和電視都有優缺點，它在提供豐富知識的同時，也給了孩子們一個與負面誘惑接觸的平台。比如說，網路色情、電視暴力鏡頭，都會造成孩子的模仿行為，進而造成傷害。為此，家長要做孩子的警報器，為孩子敲響警鐘，警告負面影響。

網際網路和電視的負面影響大致有如下幾類：

一、色情訊息的傳播。

二、暴力訊息、不健康的遊戲、賭博。

三、種族仇恨或性別歧視。

四、網路犯罪。

五、非法廣告。

六、青少年網路性行為。

面對這些層出不窮的問題，家長不可以因為網際網路有太多的負面影響就不讓孩子上網。反而要藉力使力，充分發揮電腦的功能，使之成為孩子學習的好幫手，引導孩子正確使用網

際網路，絕不能因噎廢食。

家長可以做如下工作：

一、要多充實與網路教育相關的新觀念，為孩子營造良好的學習環境，幫助孩子利用電腦滿足自己的學習需求。

二、不要怕孩子利用電腦玩遊戲或者看電視，課餘時間讓孩子們玩一會兒健康的電腦遊戲，可以熟悉電腦，習慣操作新技術。看一會兒電視，則可以瞭解國家大事，擴充資訊。

三、讓孩子瞭解相應的法律規定，在虛擬世界和電視節目等媒體中，學習自己分辨出哪些是暴力、色情、賭博、恐怖活動等不良訊息，並遠離它們。

四、學習應用網際網路的安全規則和相關知識，讓孩子熟記上網安全規則。鼓勵孩子經常與父母溝通，瞭解孩子在網路上的所作所為。控制孩子使用網路的時間，要求他們在不影響自己正常生活、學習的情況下使用網路。

五、瞭解孩子經常去的網站，喜歡看的電視節目，才能幫助孩子選擇安全無虞的學習媒介。一旦發現異常要立即以此為例，跟孩子聊聊思想和法制問題。舉例告訴孩子，壞的網站可

能造成的後果，而好的訊息則可以帶來正面的知識，引導孩子正確使用網際網路，吸收知識，幫助孩子在網路時代健康成長。

六、引導孩子選擇有利於他們成長的網路。建議孩子第一次接觸網路時，可以選擇國外的兒童教育網站。這樣的初體驗好處在於：網站內容健康，都是為兒童而設計的小遊戲。藉由引導，可以多接觸英語環境，網路上的遊戲內容既可開拓孩子的智力，還可以提高英文的閱讀能力：遊戲名稱和內容提要都是用英語寫的，孩子在玩遊戲時，引導他們查閱英文字典，認識新單字，效果往往比死記硬背好。而且，這些圖文並茂的網站，孩子看起來更有趣味。雖然網路上寶藏和野獸共存，只要家長能及時給予引導，多與孩子交流，多些接觸也未必不好。

只要能夠適時監督，把握孩子上網的品質、適量、適度，上網其實是一建好事。若是孩子的自制力不足，判斷能力差，要經常給予正確的引導。家長也要換位思考，只要孩子養成好的上網習慣，就不必要隨時跟前跟後，當太過嚴格的監督者。與孩子一起學習，既當導師，又當夥伴，一同交流。

父母還可以善用網路，當孩子的人生導師，引領孩子選擇

有利於他們成長的網站和電視節目。如果不幸孩子已經過度沉迷網路、電視，這裡有七步驟可以試試看，只要轉移孩子的興趣，就可以幫助他們走出迷陣。

一、恢復親子關係，接納孩子所有的優點和缺點。

二、瞭解孩子，看孩子對什麼事感興趣，找到最佳潛能，並對他們最喜歡的事情深入瞭解，找到彼此的共同話題，走進孩子的內心世界。

三、就從他們潛能開始，引發孩子的成長動力，讓孩子去描繪設計自己喜歡的人生藍圖，而父母則是那雙協助的手。

四、引導孩子發現自己想要實現的夢想，以自然知識與社會知識為基礎，讓孩子有主動學習的意願。

五、透過訓練，讓孩子知道自己的大腦蘊藏著無盡的潛能，只要他願意，就可以成為優秀的人物，讓孩子對自己充滿信心。

六、增加對學習的信心。若是孩子一直沒有表現出對某一方面特殊的興趣，成績也一直不好，可以試著找一位好家教幫助孩子補足以前遺漏的課程，家教要有良好的溝通能力，深入淺出的授課經驗和一定的學習方法，讓孩子體會到學習並沒想

像的那麼難，增加對學習的信心。

七、讓孩子覺得與父母聊天時心情愉快。孩子有了微小的進步或成功，父母要多肯定，多給孩子鼓勵，多談孩子的夢想，讓美麗的夢想經常在孩子的腦中出現，形成堅固的意念，使孩子覺得與父母聊天，談到的都是美好快樂的事物。

作為父母也要以身作則，適度上網看電視，讓孩子知道網路、電視應作為日常生活重要的資訊獲得、知識獲取、增長技能的重要途徑，為孩子樹立良好的榜樣！

17 帶孩子進行 戶外活動

帶著孩子一同走出戶外吧，聽風聽雨是孩子成長必經的過程，也是親子間獨一無二的體驗，別讓孩子唯一的嗜好就只有電視！

孩子只要留在家裏就會滿足了嗎？他只要看看漂亮的圖畫，五彩的玩具就會快樂了嗎？作為父母的你們如果也這樣想，那就大錯特錯了。不論多大的孩子都不喜歡被悶在家裏，正如成年人常常會渴望戶外運動一樣，孩子也需要時常親近大自然，在那裡，他會得到許多在家裡得不到的好東西。

僅僅 6 個月大的寶寶就會張開明亮的雙眼，去認識外面的

世界了，他需要你帶他到大自然中去，一旦到了戶外他就會顯得快樂無比。因為在戶外他有許許多多的東西可以看：藍天、白雲、青草、綠樹、人群、汽車等等，他看到和聽到的東西比在家裡多得多，每樣東西都令他著迷。

大自然的陽光、空氣會給孩子帶來活力。在那裡，孩子充分接觸陽光，皮膚接受紫外線的照射後，身體內產生維生素 D，可以預防駝背。大自然中的新鮮空氣，可以促進孩子的食慾，使他面色紅潤、精神飽滿。大自然的溫度變化，則可以讓幼小的身體調節自身體溫，以適應外界溫度變化，增強抵抗力，使身體更加健康。

大自然天地廣闊，陽光充足，空氣新鮮，孩子在大自然中遊玩，更有利於身心發育。大自然是一座知識寶庫，孩子置身其中可以學到無數的知識，包括樹木花卉、鳥蟲魚獸、太陽、月亮和星星等等。

大自然會激發孩子的好奇心和探索的願望，所以他們在學知識的過程中，會提出一個又一個的為什麼。春暖花開季節，大自然氣象更新，樹木披上了綠裝，地上長出了嫩草，各種花

兒競相開放，爭奇鬥艷，各種景象美不勝收，此時帶孩子踏青，不僅可以使孩子身心愉悅，充分領略大自然的美景，而且還可以培養孩子的觀察力，使他們在觀察的過程中找出春季各種景物的變化。

看書、拜訪親友、走到戶外、接近大自然、讓孩子喜愛自然的環境，這些事情都可以增進智能。現在，很多父母常苦惱孩子唯一的嗜好就只有電視，即使吃飯也是邊吃邊看，因此急需一個可以取代電視的活動來進行調整，以下這些提升自然智能的親子活動就是不錯的選擇：

✦ 一、全家人一起去賞鳥

先和孩子一起收集一些相關資料，瞭解如何進行野外觀察，全家一起到賞鳥區或參加賞鳥協會的活動，並現場聽解說員講解，鼓勵孩子將觀察所得和書上的資料做驗證，提出問題與解說員討論。隨後到動物園或鳥園參觀，讓孩子比較野外觀察的鳥類和圈養的不同點在哪裡。

最後還可以帶著孩子拜訪鳥店：請教老闆飼養小鳥的正確方法、瞭解鳥的習性；也可和孩子討論，飼養和放生的意義在

哪裡？教導孩子「人跟大自然良性互動」等觀念，及如何尊重生命，培養孩子責任感。

✦ 二、看雲的變化

　　雲可以變換成各種不同的造型，讓孩子透過觀察它的變化，作各種不同的聯想。此外，也可以觀察草坪、稻田，或附近的樹、花園裡的花，被風吹過後不同的變化，讓孩子天馬行空的聯想，並説出來和大家分享。

✦ 三、傾聽大自然的聲音

　　和孩子一起閉上眼睛，用心傾聽動物昆蟲的鳴叫聲、風聲……。剛開始時，孩子或許會覺得有些困難，父母不妨先告訴孩子，現在聽到的是什麼樣的聲音，並鼓勵他尋找聲音的來源。

✦ 四、種植花草

　　父母不妨和孩子在院子或陽台上種些簡單的植物，比如：綠豆芽，一起記錄豆芽生長的情形，比較看看和市場上買來的豆芽不同點在哪裡。

✦ 五、尋找小螞蟻

如果在家裡看到螞蟻，父母可以和孩子一起找個放大鏡，觀察螞蟻身體構造、行進路線，進一步觀察螞蟻的生活。確定孩子在安全的環境下活動，並指導孩子什麼是危險的行為、什麼行為影響自然環境生態，建立孩子尊重自然、愛護自然的觀念。

✦ 六、想像之旅

讓孩子閉上眼睛，播放柔和音樂當背景，念一篇大自然的故事，引導孩子想像奔馳於原野，忽然一陣傾盆大雨，趕快躲在樹下，在心中欣賞淅瀝淅瀝的大地情景……這是激發孩子想像力的活動，也是一種語文和音樂創造力的啟發。

如果讓孩子把想像中的景象畫下來，則可以強調空間創意的潛能發展。

✦ 七、我有話要說

藉著角色替換方式「活化」動植物，讓孩子想想如果草莓會說話，它會說什麼？爸媽可以先做示範：「我不想太早被塗成紅色，因為很快就會被吃掉。」「我的皮膚很嫩，小心不要

踩到我。」……

✦ 八、多看關於大自然的影片

觀看有關大自然的影片，全家一起欣賞討論，也可引導孩子瀏覽有關動物園、大自然及動植物生態的網站。

✦ 九、植物及動物分類、歸納

準備一本剪貼簿讓孩子搜集各種動植物的圖片，並引導如何分類。

✦ 十、訂購大自然的雜誌或書籍

親子共讀是件非常有意義的活動，在閱讀中若發現問題，可一起到書店或圖書館找尋更多的資料。

✦ 十一、戶外教學

親身經歷自然的體驗，配合教育機構的戶外教學活動，鼓勵孩子將所見所聞帶回家與父母分享。

✦ 十二、設置自然遊戲區

利用陽台、院子、頂樓或房屋的一個角落，設計一個「自然遊戲區」，模仿一些大自然活動，買一些動植物小模型，讓孩子玩家家酒。

◆ 十三、青山綠水無限好，親子一同做環保

父母以身作則，天天帶著孩子做垃圾分類，不要以事小而不為，孩子看在眼裡、記在心裡，成效更好。

◆ 十四、在夏天的海灘玩水堆沙其樂無窮

除了玩還能教導孩子認識安全常識，觀察潮起潮落，看漁舟點點、漁夫捕魚的情形，都是很好的自然智能教材。

帶著孩子一同走出戶外吧，聽風聽雨是孩子成長必經的過程，也是親子間獨一無二的體驗！

18 引領孩子 探索世界奧祕

創造性思維存在於每個人的基因裡，在孩子小的時候就要開始培養。只要換個角度去思考，就可以創意無窮。

兩個推銷人員到一個小島上去推銷鞋子。其中一位推銷員到了島上之後，發現這裡每個人都是赤腳，氣得不得了。他氣餒了，這個島嶼上大家都沒有穿鞋的習慣，要怎麼推銷鞋。於是他馬上發電報到公司說，鞋子不用運來了，在這個島上沒有銷路的，因為每個人都不穿鞋。

就在第一個推銷員回去後不久，第二個推銷員來了，當他發現島上沒有一個人穿鞋，高興得幾乎要昏過去，他覺得在這

個島嶼上鞋子的市場實在太大了，這裡沒有一個人有鞋子，要是每個人都買一雙鞋那可不得了了，加起來可以賣多少雙鞋出去啊！於是他馬上打電報，請公司用最快的速度將鞋子空運過來。同樣的情況，你看，不同的思維得出的結論差異竟然如此之大。

這就是創新思維的力量，只要換個角度去思考，就可以創意無窮。擁有創新思維的人，他的思維過程和解決問題的方法不受常規的制約，他永遠都在尋求全新獨特的解答。創造性思維存在於每個人的基因裡，在孩子小的時候就要開始培養，從探索世界的奧祕開始入手，一旦習慣了這樣的思維，就可以伴隨孩子一生。

如果孩子用剪刀將桌布剪出了小洞，或是用口紅在牆上塗滿了紅手印。此時，你是痛斥還是鼓勵？破了的桌布可以換，塗污的牆可以刷，但如果孩子的對探索事物的好奇心受到了抑制，就無法彌補了！

探索能力是孩子智慧的源泉，也是促進潛能發展的原動力，事關將來是否可以卓越發展的基礎。只要願意去探索，死

知識就會變成有用的的、可以隨時發揮的創作能力，訓練孩子變得更聰明。雖然智力受先天的影響較大，探索能力卻是可以藉由後天的訓練加以激發的。每對父母都希望自己的孩子探索能力強，可是探索能力的發展到底與哪些方面有關呢？

✦ **一、與孩子的性別有關**

我們發現男孩在探索能力方面明顯優於女孩，這是因為男孩總是喜歡折卸、拼裝和重建玩具。或許有些父母對於兒子老是將玩具大卸八塊的破壞能力感到無力，但其實這個動作正是孩子對於探索及重整能力的實踐。這樣的行為，不僅能提高孩子親自動手做的能力，還是引發積極思考，找到問題，解決問題的訓練。

從性格來看，男孩子活潑衝動，想到什麼就動手做，他們對新鮮事物的敏感，其實對幼兒的探索行為是有利的。

✦ **二、與父母態度有關**

模仿是孩子的天性，父母自己曾表現過哪些探索行為，同樣也就反映在孩子的行為上，如：積極向上的精神，追求新事物的興趣，不斷求進取的勇氣，靈活思維的品質，獨立創新

的意識，堅韌不拔的毅力等等，對孩子的探索能力具有較大的幫助。而一些思想閉塞、眼光狹小、死板守舊、被動平庸的父母，不但自己沒有探索的意識，他們的行為也成為孩子的模仿對象，也阻礙了子女探索能力的發展。

另外，孩子每天在父母面前展現了無限的好奇心與求知慾，父母如能容忍孩子幼稚的表現，對孩子所提出來的理論不嘲笑，不譏諷，偶爾跟隨著孩子的小小世界，表現出同樣的幼稚行為，不禁止孩子發展自己的世界，用包容為孩子創造完整、自由、獨立、和諧的家庭氛圍，這樣就更能激發孩子的好奇心和探索慾望了。

相反地，如果父母把孩子的探索精神看成是在搗蛋、頑皮，也就順手扼殺了孩子的探索動機，和他們好奇心的起源，等於在孩子眼前關起第一道前往繽紛世界的門。

✦ 第三、與家庭收入有關

不諱言地，經濟收入比較好的家長，的確有比較多的時間能經常陪孩子一起遊戲或外出。如果發現剛買的玩具又有被拆卸破壞的狀況，這些家長通常比較容易寬容諒解。

此外，他們也有能力特地為孩子建立好的環境或機會，並善於運用鼓勵和支持的方式，使孩子在沒有任何壓力的情況下進行探索活動，並時時協助促進其探索能力的發展。

而收入較低的家長，他們為孩子提供這類環境的機會就比較少了，無形間就影響了孩子的發展。

◆ 四、與家庭氛圍有關

家庭氛圍就是家庭成員之間的關係與交往情緒。父母及其他家庭成員的一切言行舉止，所形成的情緒與氛圍，將使孩子受到潛移默化的影響。

家庭氛圍很融洽的家長樂意聽取孩子的意見，接受他們的觀念，孩子在這種寬容、和諧、融洽的氛圍中，得以主動支配自己的行動，學會有自己的主見，敢於嘗試新事物。

如果家長本身就喜歡探索事物，並經常表現出探索的行為，孩子從小受到家中長輩的影響，主動探索的行為也會顯得較強。相反，家庭氛圍不融洽的情況下，成員之間因缺乏一定的感情及修養，便容易為一些小事發生爭吵。

而且在教育孩子方面，家人們各自有各自的看法，造成孩

子盲目無所適從，左右受制的情況下，遇事便缺少了自己的主見。這些便是影響和制約孩子探索能力發展的主因。

✦ 五、與孩子獨立空間有關

可以獨立使用房間的孩子，他們的探索能力明顯高於其他孩子。因為目前，雖然人們生活水平逐漸提高，家庭物質條件不斷改善。但是，家長缺乏給孩子自由活動的小天地，束縛了孩子的手腳，阻礙了孩子探索能力的發展。

而擁有屬於自己活動小天地的孩子，可以自由支配自己的玩具和學習材料，不但獲得心理上的滿足和成功的體驗，更重要的是促進了孩子智力和探索能力的發展。

✦ 六、與父母的職業有關

從父母的職業來看，教師的教育觀念可能較適合學齡的孩子，他們看待教育的態度明顯不同於其他職業的家長，因為教師本身從事的就是教育事業，無論是經驗累積還是專業理論，他們自有一套對待孩子的方法。

職業是工程師的父母則更善於探索知識，對新的科技產品非常熱衷，並主動支持孩子的探索行為。他們有較強的分析及解

決問題的邏輯能力，但在表達上可能明顯不如教師等其他職業。從事工程師職業的家長比較偏重孩子知識、技能的掌握程度，卻忽視教育孩子需要正確方法及絕佳的耐心。

至於全職在家照顧孩子的教養者，由於沒有穩定的職業，跟社會外界的接觸相對較少，或許也因此當他們帶著孩子對外接觸時，會有些怯懦焦慮，此時孩子的主動探索行為，可能因得不到家長的支持而放棄。但是相對的，這種環境磨練了孩子獨立解決問題的毅力喔。

✦ 七、與教養者的興趣有關

喜歡娛樂、藝術的家長，他們比較外向，給孩子更多社交機會。他們善於營造輕鬆、活躍的氣氛，對於孩子的提問、請求，或是孩子所取得的成績，一般都能積極讚賞和鼓勵。喜歡電腦的家長經常接觸無遠弗屆的網路世界，觀念比較新穎，因此孩子天馬行空的思想對他們而言並不難接受，他們能夠經常鼓勵孩子，並能與孩子一起玩，對孩子的活動比較支持。

而喜歡文學、外語的教養者，經常接觸不同的文化型態，探索能力也較強，教育態度較民主，一般都具有一定的文化修

養，本身也很好學，能為家庭營造濃郁的學習氛圍，他們也較注重孩子學習能力的培養。

　　喜歡社交的家長比較大膽、獨立、自信，他們的良好素質直接影響孩子的行為，孩子的探索能力較好。沒有特殊興趣的教養者，同樣也會感染孩子的行為和學習，造成他們缺乏主動探索慾望，此時孩子想得到家長的鼓勵和幫助也就更難了。

19 一起感受 奇妙的藝術世界

藝術是一種重要的認知能力，藝術教育對人才的培養，是科學教育所無法替代的。正如愛因斯坦的名言：「想像力比知識更重要。」

藝術就是將想像具體化的成果，是人類為了慰藉自己的缺憾，亦或是滿足自己情感上的需求而創造出的一種文化。藝術，是人們在日常生活中進行一種特殊娛樂遊戲的方式，也是人們情感交流的另一種重要手段。

藝術文化的特點，就是用心靈的語言創造出虛擬的人類現實生活。藝術發生的基礎就是人類將想要表達的內容，藉由不

同形式傳譯給外界，能夠傳達意念的才是有效的藝術創造。人類會用什麼樣的語言表達情感，就會有什麼樣的藝術表現形式。換句話說，不會說話的藝術，幾乎只能說是普通的遊戲而已。

就畫畫而言，人們一般都會認為能夠稱其為藝術。然而，是不是所有的畫都能夠稱為藝術呢？同樣畫畫的行為，張大千的繪畫就能夠稱為藝術，這似乎是沒有疑問的。但隨便一個小孩子的信手塗鴉能夠達到張大師這樣堪稱為藝術的鉅作嗎？這可能不一定能夠得到很多人的贊同。

如果小孩子的「信手塗鴉」必須傳達「一定水準」的意義，人們才會稱其為藝術。那麼，這樣「信手塗鴉」的水準要達到什麼程度才能夠稱為藝術呢？這又是一個很難回答的問題。

據說美國的一隻黑猩猩會作畫，只要人們給牠紙和筆，牠就能夠作出很多「有意思」的畫來。如果把黑猩猩的「畫」也稱為藝術，似乎有很多人更是不贊同了。

藝術用自己的語言表達出作者內心的感受，讓人們透過對內容的理解，感覺畫中事物發生的情景。感受這些情景的過程中，欣賞者所感受到的情緒，就會相對應地得到適當的慰藉。

人的情感器官因此產生活躍、激烈的行為反應，而這些反應，正對應著人在社會生活中對一些事物的感受。所以才說，藝術所表達的事件，如果能以人在社會生活中的主觀需求為根據，就更能夠發揮出顯著的效果。

　　舉個例子吧，有句成語叫「畫餅充飢」，意思是說有個人因為飢餓想吃餅，但家裏實在太窮了，買不起餅吃，只好畫一張大大的餅來自我安慰。飢餓的人看到畫中的餅，飢餓感似乎就得到一點緩解，主觀上感覺到一點點的滿足，情緒上也因此產生些許的喜悅。

　　古人有賦：望梅止渴，稍蘇奔競之心；畫餅充飢，少謝騰驤之志。就是藝術可慰藉人心，對社會也有正向影響的闡述。

　　「天地有大美而不言」，莊子以藝術之美來悟道；「興於《詩》，立於禮，成於樂」，孔子以藝術之美來化人。2000 多年前，先哲們就已經有利用藝術進行教育的思想。古希臘哲學家柏拉圖也說：藝術教育能使人上升到一個更高的境界。

　　藝術教育，即審美教育，教導人如何與美的感受相結合，是一種可以培養人類的審美觀，進而陶冶人類性情的教育。「聖

人以詩教以蕩滌其濁心」，也就反應了自古至今，藝術教育足以熏陶人心的事實。

　　審美對於人性的完美、人格的修養、人生境界的提升和整個社會風氣的轉變非常重要。藝術教育能培養並提高人們感受美、鑑賞美的能力，提高觀察力、理解力、想像力和創造力，它潛移默化的巨大力量，對於青少年的健康成長、全面發展有著重要的作用。

　　藝術以其生動的表現形式陶冶學生的感情，科學以其嚴密的邏輯和知識豐富學生的才智。教育學家曾提出「科學和藝術是一枚硬幣的兩面」。他認為藝術是一種重要的認知能力，藝術教育對人才的培養，是科學教育所無法替代的。

　　愛因斯坦也有句名言：「想像力比知識更重要，因為知識是有限的，而想像力概括著世界上的一切，推動著進步，並且是知識進化的源泉。」

　　一個偉大的民族不能沒有豐富的藝術，更不能缺少具備藝術素質的廣大民眾。因此每位家長在孩子成長過程中，都要一同參與其中，一起感受奇妙的藝術世界，更要時刻注意培養孩

子的藝術創造力。

藝術創造力表現在很多方面：繪畫，拼貼作品，雕塑，講故事，作詩，唱歌，跳舞等等。在日常生活中，父母親可以透過以下活動來開啟孩子的創造力，和孩子一起感受藝術魅力。

◆ 一、百寶箱中的創造力

和孩子一起做一個「創造寶盒」裡面盛放各種繪畫用的筆、白紙，做手工用的膠水、布料、兒童用剪刀、橡皮擦等等，就像一個百寶箱，孩子使用起來十分方便。

◆ 二、來一次時裝秀

將衣櫃中的服裝拿出來，父母親輪流做模特兒，讓孩子挑選不同服裝做搭配，將大家都覺得搭配得最好的那幾套服裝穿在身上，拍照留念，放進專門的繪畫剪貼薄中。

◆ 三、用音樂來啟發靈感

放一段音樂，讓孩子做出一件作品來表達他所聽到音樂的感受。他可以畫一幅畫，做一個拼圖，寫首詩，編一段舞，或者寫一篇關於這段曲子的音樂鑑賞。

可以選用不同風格的曲子，像著名的交響曲、搖籃曲、進

行曲、圓舞曲,甚至是一些經典的搖滾樂。

✦ 四、去參觀藝術博物館

這不僅是一個向你的孩子介紹經典藝術品的好方法,同時也可以讓孩子接觸各種不同的繪畫、雕塑或其他的藝術形式。如果沒辦法去真正的博物館,就讀一些藝術書籍,看一些著名作品的複製品和照片吧。鼓勵孩子去嘗試各種不同的藝術風格。

✦ 五、故事接龍

從圖書館找一本孩子沒看過的書,把書的前一半讀給他聽,讓他自己把接下來的故事編完。然後把他設計的結局和原書的結局對比,然後和孩子一起紀錄下來。

✦ 六、自己編故事

從不同的圖畫書上剪下一些圖片來,裝在一個帽子裡,讓孩子們每人抽出四到五張,然後用這些圖片來編故事。

✦ 七、製作藝術品

把幾個孩子聚在一起,拿出「創造寶盒」,為他們定一個主題,像「外星來客」或是「瘋狂的動物」,讓孩子們輪流地從箱子中選出一件工具,當每人手上都選了五、六件工具時,

讓他們用這些工具畫出一幅畫或做出一件藝術品來。你可以這樣理解——世界皆藝術，一切皆藝術，善惡皆藝術。

20 和孩子一起成為閱讀高手

大量閱讀是完善自我的必經之路，長輩為晚輩讀故事書的活動，更可以拉近彼此之間心與心的距離。

培根曾說過，讀史使人明智，數學使人周密，邏輯和修辭使人善辯。書籍中描繪了大自然的千姿百態、奇幻異彩；書籍也描繪了社會的紛云繁複、變幻莫測；書籍更勾勒出人情冷暖，眾生臉譜。

書是一個露營地，能安置你的靈魂，放飛你的夢想。書是一個百草園，能醫治你的精神，撫平你的創傷；書使你從無知變得聰明，從幼稚走向成熟，使你的內心從貧瘠變得豐富，從

枯燥走向寧靜。

讀一本好書，如飲一泓清泉，甘之若飴；如飲一杯醇酒，聞之欲醉；如同與一個多年未見的好友傾心交談，快意平生；如同聆聽一個長者的教誨，受益匪淺。在書中，每個人都能找到自己的位置，每個人都能有所得、有所收穫、有所感悟。

每天閱讀 15 分鐘，這意味著你將一周讀半本書，一個月讀兩本書，一年讀大約 20 本書，這麼一來，一生便讀了超過 1000 本的書，這是一個想要博覽群書最簡單易行的辦法。從人一生的心理成長規律、空閒時間安排以及普遍的需要出發，你的一生至少需要深讀 1000 本專業外的書籍，包括文學、科學、醫學、哲學、歷史、藝術以及其他方面的作品。

不管你是在等待遲到的朋友，或者長時間坐車，總之在到達下一個目的地還有一段時間，如果你能夠選擇讀書而不是無聊地打發時光，那就說明，你已經比別人領先一步，佔有優勢了。

閱讀好書就像跟歷代名賢聖哲促膝長談，他們高尚的節操會對我們產生潛移默化的影響，所以大量閱讀是完善自我的必

經之路。或許偶爾讀到的一本書，會使你頓悟某個偉大的道理，從此思想產生化學變化。

也或許另一本書，把你帶入一個全新的領域，從此你明確知道自己奮鬥的目標，最終也成就輝煌。林肯少年時，就因為偶然閱讀了華盛頓和亨利·克雷傳記，從此立下宏偉的志向，最後成為了美國歷史上最受人尊敬的總統。

一個喜歡讀書的人能夠感覺到讀書時妙不可言的樂趣，所以他喜歡讀書，最終即使不能成為偉大的人，也是一位博學的人。

愛好讀書的興趣不是天生的，閱讀的習慣也不是一成不變的，這是受到傳統、時局、教育、職業、興趣或當下時空因素的影響，才會養成愛讀書的習慣。所以愛書的人總是不由自主地沉溺在不同的領域，並把各種互不相關的知識融合到自己的思想當中 —— 你用自己的方式去理解知識，知識卻在悄悄改變你自己。

美國前總統羅斯福的夫人曾說：「我們必須讓青年人養成閱讀好書的習慣，這種習慣是一種寶物，值得雙手捧著，看著

它，別把它丟掉。」

父母要想洗滌自己，充實自己，成就自己，首先就必須養成閱讀的習慣，也要讓自己的孩子跟自己一起閱讀，將好習慣帶給孩子。如此不但可以減少怨天尤人、孤芳自賞，將沉淪悲苦的情緒拉拔出來，也不會因為失望而孤獨惆悵。

美國前總統喬治‧布希的夫人芭芭拉‧布希，就非常注重培養孩子的閱讀能力。她認為讀書並不僅僅是學習知識，主要在於培養孩子們參與團隊的意識，能使家庭氣氛更加溫馨融洽，讓孩子們感到愛和快樂，認為下面幾個做法有助於閱讀活動的進行。

◆ 一、固定時間，養成習慣

多年以來，她一直是在睡覺前為孩子們讀故事書。只要大家能和那些所喜愛的圖書一起度過每個快樂的夜晚。什麼時間讀書無關緊要，然而養成習慣每天在相同時間閱讀卻是很有益處的，至少每天要有 15 分鐘。

◆ 二、全家參與，人人關心

她的丈夫每天忙於政務，沒有很多時間為孫兒孫女們讀

書，然而只要他一返回緬因州的肯納邦克港，每天早晨6點鐘，孩子們便高興地擁進祖父母的房間，迫不及待地找到他們喜歡的書。

「讀這本！」其中的一個說。

「不！」另一個反對道，「讀我的！」

早晨的朗讀時間就已經熱鬧起來了。

✦ 三、做好準備，有書可讀

事實證明，在裝滿圖書的房子裡長大的孩子，就可能成為早期讀者。為了能及早使孩子養成閱讀習慣，芭芭拉準備了《聖經的故事》、《朗菲尤斯小姐》、《沃爾多在哪裡》及《西風老媽媽》等，大量對兒童有益的書籍。

✦ 四、精心選擇，購買好書

對於一些膾炙人口的故事，孩子們是百聽不厭的，反覆朗讀能夠增強對詞彙的記憶，加深對故事的瞭解，提高理解能力。

6歲至9歲的兒童非常喜愛反映他們愛好和興趣的圖書。

9歲至12歲的孩子更偏向於幽默小品、民間傳說、較長的詩歌和一些情節較複雜的故事，對偵探方面的圖書也頗感興趣。

✦ 五、激發興趣，生動活潑

在給兒孫們讀書時，芭芭拉總是設法引發他們的興趣，讓他們主動積極地參與，而不只是被動地聽故事。

一天晚上，當芭芭拉正在讀大象王國裡好心腸國王的故事時，一個很小的聲音打斷了她：「奶奶，大象吃什麼？」這一下可熱鬧了，孩子們你一言我一語地爭論起來，充分發揮自己的想像力，利用自己小腦袋裡的知識旁徵博引，希望能夠說服對方。這時候她很高興，因為這正是她希望的情境。

✦ 六、堅持下去，不要中斷

許多專家建議，應該把為孩子讀故事書這個活動堅持到他們小學畢業，因為他們能夠從聽故事中獲取更多的知識。應該想辦法將孩子們引入一個新的天地，要經常設法把孩子與故事聯繫起來，使他們習慣在聽的過程中將自己融入成故事中的角色。讓孩子從小就培養起愛書並喜歡聽大人讀故事的習慣，將能給他們的一生帶來無窮的歡樂。

現在有許多人都愛讀書，一方面是習慣成自然，不讀就好像少了什麼似的；另一方面是「備課」，以便在孩子面前讀得

更好。

　　布希總統的家庭得以這麼和諧，原因之一，便是無論大人，還是孩子都愛書、愛知識、愛科學。就是閱讀，就是長輩為晚輩讀故事書的活動，拉近了他們之間心與心的距離。你呢？還不趕快與孩子一起成為閱讀高手！

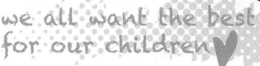

PART 4 尋求心靈頓悟 一定要做的事

一位普通的母親曾經說過這樣一句話：「一塊地，不適合種麥子，可以試試種豆子；豆子也種不好的話，可以種瓜果；瓜果也種不好的話，也許能種蕎麥。終歸會有一粒種子適合它，也總會有屬於它的一片收成。」這是一位樸素而簡單的母親，但這位母親的孩子之所以能夠成大器，不能不歸結於母親的睿智。

這位母親還告訴我們：人生的旅程需要經歷很多東西，有選擇、歷練、挫折、成功、喜悅、淚水……經歷了該經歷的一切，會最後找到最適合你的職業、最適合你的朋友、最適合你的愛人……而每一個經歷的背後，都伴隨著你心靈的頓悟，悟出的是洗盡鉛華、繁花落盡後的坦然和淡定。這就是人生。

帶著孩子一起觀賞日出的壯美，一起參加辭舊迎新的儀式，一起反省自己的過錯、體會自己的成功，一起參加葬禮……最後坐下來，與他傾心的交談，你會發現，孩子的心靈變得充盈起來了。

21 體驗日出日落的壯麗景觀

泰山觀日出為何有名，也許正是因為日出所帶給人們的無限遐思吧！日出本身，就是一種聖潔美好的象徵。

如果去阿里山看過日出，對於天還沒亮就起床刷牙洗臉，一路摸黑到山上去看日出這件事，應該印象深刻。從天空還是一片深紫，到淺藍，到太陽公公冒出紅紅的小邊臉，跳出了山頭，顏色變成亮橘色，再到亮黃，最後再到整個太陽透出重圍，出現在天空中，把雲海都染成金色。這時候，不僅是太陽、雲海，連人都成了金色的了！這不是偉大的奇觀嗎！

生活在俗世和喧鬧城市中的你，多久沒有這種感受了，還

是從未體驗過這種自然的壯美！

　　經由日出的體驗，使我們深刻感受到大自然的神奇，但它的功效並不只如此。巴金先生曾說過：「我看見了種種人間的悲劇，在這裡我認識了我們所處的時代，在這裡我身受了各種的痛苦。我掙扎，我苦鬥……我下決心要用人群的力量來為這個世界出一份力，創造成一個幸福的世界。」自然界裡景觀的壯美，它可以陶冶人心，寄托感情，更可以壯志抒懷！

　　再來看看李商隱的《五絕·登樂遊原》：

> 向晚意不適，驅車登古原。
> 夕陽無限好，只是近黃昏。

　　這是一首登高望遠，即景抒情的詩。首二句寫驅車登古原的原因是：「向晚意不適」，後二句「夕陽無限好，只是近黃昏」二句，素來人們多解為：晚景雖好，可惜不能久留。但是這二句，也可以看做是詩人的一腔熱愛生活，執著人間，堅持理想而心光不滅的一種深情苦志，讓我們相信今天的落日一定會「化

作明朝日，噴薄出東方」的。

這就是日出日落這個看似平常、普通的自然現象，除了在視覺及精神上的享受外，為我們帶來的啟示！

從沒有看過日出的人，實在是很遺憾。就像是一粒種子在黑暗中醞釀、掙扎，最後毅然地長出嫩芽，旭日也是這樣突破出來的；又如毛蟲在艱辛複雜的過程中蛻變為蝴蝶，太陽也同樣經歷很久的奮鬥、摸索，才將黑夜化為黎明。

泰山觀日出為何有名？也許正是因為日出所帶給人們的無限遐思吧！日出本身，就是一種聖潔美好的象徵。

古人以東方為萬物交替、初春萌動之地，故泰山便有了「五嶽之長」的稱譽。也許大家對徐志摩的《泰山日出》、郭沫若寫泰山的《觀日出未遂》詩並不陌生。日觀峰在玉皇頂東南，為泰山觀日最佳處所，每天人們凝神注視著東方，從「魚肚白」到著新一天的太陽即將出現，人人在期盼，在迎候，在默默地呼喚。

漸漸地，東邊天際出現了一道紅線，又漸漸地擴展開去，忽而丹、忽而黃、忽而品紅、忽而絳紫，各種色彩不停地組合

著、變幻著、流動著、蕩漾著，襯以似藍似白、斑斕點點的天穹。這時，觀賞的人們才真正知道了什麼叫瑰麗榮華，什麼叫絢麗多姿。

接著，紅霞之下忽然露出一個弧形，剎那間變成半圓形，漸漸地，漸漸地，一探再探，緊接著急速提升，終於一顆純焰的圓顱躍出了地平線，凌駕雲端，普照天宇。也只有此時此刻，人們才真正領悟了所謂光芒四射的意思。倘若沒有太陽，雄雞如何唱白天下？大地如何芳草碧連天？這，就是日出的恩德及偉大之所在。

相同地，日落也別有一番風味。如果說，日出是氣勢磅礴的，那麼，日落則是十分恬靜的。當太陽收起刺眼的光芒，變成了一張紅彤彤的圓盤時。藍藍的天空，像一個明淨的大湖。慢慢地，它的顏色越來越濃，像是湖水在不斷地上漲。

遠處，天和地彷彿連在了一起，夕陽正慢慢地向地底沉去。太陽的身邊，漸漸地聚攏了許多祥雲，五彩繽紛地展示著它們的亮麗。

隨著太陽慢慢地下沉，它的臉蛋漲得越來越紅，把周圍的

雲彩染成金燦燦，紅艷艷的，就像血紅色的絲綢在微風中飄曳一樣，柔柔的，嫩嫩的。我不敢眨眼，瞪大眼睛靜靜地欣賞著，只見太陽就像一位靦腆的姑娘，把彩霞當手絹遮住了那害羞的臉頰。一會兒工夫，她又用彩雲當絲綢把紅撲撲的臉蛋整個蒙住。又過了一會兒，她全身而退，乾脆蓋上了整塊紅蓋頭，活脫脫像個正待出嫁的新娘。

最後，她終於羞羞答答地入了洞房，但她那紅通通的笑顏依然留在天邊。天灰藍灰藍的，幽幽靜靜的，顯得很神祕，而西方的天空仍留著一抹太陽光的紅色餘輝……

是啊！「夕陽無限好，只是近黃昏。」日落欣賞完了，可是我的心卻還在跟著太陽一寸一寸地落入山後面，這時，我的思緒飛到很遠，很遠……

看日出日落都需要等待，等待那重要的一刻。就像是轉瞬即逝的機會，機會往往是可一不可再的，不要以為來日方長，失去了一次良機無所謂，相同的機會不知何年何月才能再來一次！

機會的到來，在於時運的巧合，亦在人為。黃袍加身的趙

匡胤得之於前者，袁世凱的稱帝則由於佞臣的妄為。從歷史上看，多少英雄豪傑無不趁勢而起。如拿破侖，當他還是炮兵上尉時，英國和西班牙的聯合艦隊來侵犯，拿破侖因此得以發揮他的軍事才幹，痛擊來敵。土倫一役，使 24 歲的拿破侖一下子被提升為少將旅長，奠定了他事業成功的基礎。

機會猶如一隻滑手的泥鰍，若是我們平常沒有良好的準備，即使機會從身旁溜過，我們也只能束手無策，望天興嘆！

為了時刻能把握住機會，在心理上我們必須要有「不懼怕機會不來，而擔心我們沒有準備好」的觀念，為成功創造先決條件。

日出日落的那一刻總是稍縱即逝，請你一定要與你的孩子一起靜心等待，在長久的等待和瞬間的輝煌出現那一剎那，你會領悟到：人生的際遇也就是如此。記得要向自己的孩子闡述，引導他進行日出日落與人生之間的思考。

22 以難忘的方式 迎接新年的到來

世間最珍貴的不是『得不到』和『已失去』，而是現在能把握的幸福。

人生最有趣的事情，就是送舊迎新，因為人類時時刻刻希望的，就是要創造新生活。送舊迎新所代表的，就是人們對美好未來的想像。

人們迎新，迎的是萬象更新，迎的是春天裡復甦於天地之間的萬物生機。迎新的慶典，是生命的禮讚，為萬物之靈高唱一首新曲。

中國的新年又叫春節，而中國古代的曆法就叫做農曆，這

是極具象徵意義的，它表現了中國人與生態環境的關係。中國新年的日期基本上是以《太初曆》為藍本，以夏曆的孟春正月為歲首，正月初一為元旦，即新年的第一天。

中國人對年都是有特殊情感的，五千多年來，中國的新年風俗盛行神州，滲透到每個人的生活之中，深入每個炎黃子孫的靈魂。每到過年，在除夕夜前趕回家與親人團聚，祭拜祖先，吃餃子，拜年，賞燈，這些已成為炎黃子孫共同的習慣。

人們把大地回春之際認定為新年，這時，人與大自然所有生物，好像是心靈相通的了，正是天地萬物之生命再生的歡樂，使這個節日真正成為普天同慶的日子。我們每次迎接新年，都是在迎接萬物生命的新開始。

喜迎光明，喜迎新生。在這光明與黑暗、生命與死亡角逐並存的漫長歲月裡，人們在迎接新的一天、新的一年時，從心底發出了對光明的禮讚和對生命的祝福。以一種特別的方式辭舊迎新，可以使你感受到珍惜現在擁有的一切多麼重要。

從前，有一座圓音寺，每天都有許多人上香拜佛，香火很旺。在圓音寺廟前的橫梁上有隻蜘蛛結了張網，由於每天都受

到香火和虔誠祭拜的薰陶，蜘蛛便有了佛性。經過了一千多年的修煉，蜘蛛佛性也跟著增加了不少。

忽然有一天，佛祖光臨了圓音寺，看見這裡香火甚旺，十分高興。離開寺廟的時候，不經意間抬起頭，看見了橫梁上的蜘蛛。

佛祖停下來，問這隻蜘蛛：「你我相見總算是有緣，我來問你個問題，看你修煉了這一千多年來，有什麼真知灼見。怎麼樣？」蜘蛛遇見佛祖當然很高興，連忙答應了。

於是佛祖問到：「世間什麼才是最珍貴的？」

蜘蛛想了想，回答到：「世間最珍貴的是『得不到』和『已失去』。」佛祖點了點頭，離開了。

就這樣又過了一千年的光景，蜘蛛依舊在圓音寺的橫梁上修煉，它的佛性大增。

一日，佛祖又來到寺前，對蜘蛛說道：「對於一千年前的那個問題，你可有什麼更深的認識嗎？」

蜘蛛說：「我仍然覺得世間最珍貴的是『得不到』和『已失去』。」

佛祖說：「你再好好想想，我會再來找你的。」

又過了一千年，有一天，刮起了大風，風將一滴甘露吹到了蜘蛛網上。蜘蛛望著甘露，見它晶瑩剔透，非常漂亮，頓生喜愛之意。蜘蛛每天看著甘露很開心，它覺得這是它三千年來最開心的幾天了。突然，又刮起了一陣大風，將甘露吹走了。蜘蛛一下子覺得失去了什麼，感到又寂寞又難過。

這時佛祖再度來了，祂問蜘蛛：「蜘蛛，這一千年，你可好好想過這個問題，世間什麼才是最珍貴的？」

蜘蛛想到了甘露，對佛祖說：「世間最珍貴的應該就是『得不到』和『已失去』。」

佛祖說：「好，既然你有這樣的認識，我讓你到人間走一遭吧。」

就這樣，蜘蛛投胎到一個官宦家庭，成了一位富家小姐，父母為她取了個名字叫蛛兒。一晃眼，蛛兒十六歲了，已經長成一位婀娜多姿的少女，十分漂亮，楚楚動人。

這一日，皇帝決定在後花園為新科狀元舉行慶功宴。邀請了許多高官巨擘光臨，包括蛛兒和許多千金小姐們都來了，皇

帝的小公主當然也在席間。狀元郎在席間表演詩詞歌賦，大出風頭，在場的少女無一不為他傾倒。但蛛兒一點也不急著爭風吃醋，因為她知道，這是佛祖賜予她的姻緣。

過了些日子，說來很巧，蛛兒陪同母親上香拜佛的時候，正好狀元郎也陪同母親而來。上完香拜過佛，二位長者在一邊說上了話，蛛兒和狀元郎便來到走廊上聊天。蛛兒很開心，終於可以和喜歡的人在一起了，但是狀元郎並沒有表現出對她的喜愛。

蛛兒對狀元郎說：「你難道不曾記得十六年前，圓音寺的蜘蛛網了嗎？」

狀元郎很詫異，說：「蛛兒姑娘，妳很漂亮，也很討人喜歡，但妳想像力也未免太豐富了一點吧。」說罷，便和母親離開了。

幾天後，皇帝下召賜婚，新科狀元郎成了駙馬爺，娶公主為妻；蛛兒則成為太子妃，下嫁給太子。

這個消息對蛛兒如同晴天霹靂，她怎麼也想不到，佛祖竟然會這樣對她。幾日來，她不吃不喝，病得迷迷糊糊，靈魂就將出殼，生命危在旦夕。

太子知道了，急忙趕來，撲倒在床邊，對奄奄一息的蛛兒說道：「那日，在後花園眾姑娘中，我對妳一見鍾情，我苦求父皇，他才答應。如果妳死了，那麼我也就不想活了。」說完就拿起了寶劍準備自刎。

就在這時，佛祖來了，他對快要出竅的蛛兒靈魂說：「蜘蛛，你可曾想過，狀元郎是由誰帶到你這裡來的呢？他就像當年的露珠一樣，是風帶來的，最後也是風將它帶走。狀元郎是屬於公主的，他對你不過是生命中的一段插曲。而太子是當年圓音寺門前的一棵小草，他看了你三千年，愛慕了你三千年，但你卻從沒有低下頭看過它。蜘蛛，我再來問你，世間什麼才是最珍貴的？」

蜘蛛聽了這些真相之後，一下子大徹大悟了，她對佛祖說：「世間最珍貴的不是『得不到』和『已失去』，而是現在能把握的幸福。」

剛說完，佛祖就離開了，蛛兒的靈魂也回位了，睜開眼睛，看到正要自刎的太子，她馬上打落寶劍，和太子深深地擁抱著……

故事結束了，你能領會蛛兒所說的話嗎？「世間最珍貴的不是『得不到』和『已失去』，而是現在能把握的幸福。」

採用一種難以忘懷的方式迎接新年的到來，使孩子明白：過去的已經過去了，是靜止的，我們沒有辦法改變它。而未來是躍動著的，我們的任何行為都會影響它。只要能充分認識它，未來會為我們帶來新的境界。

人們都在為未來付出各種各樣的努力，而在新年之際，處於新的起點，一切都是進步的開始。

23 歲末檢視
一年來的行為

只要懂得反省，處處都能看到智慧，點滴皆是真理。只有反覆思考過自己的言行，才會意識到哪裡需要改變，只有透過改變，才會超越自己。

人的一生就像長跑，一路上有許多路口，左拐右拐還是直行，路上的風景都將會不同，我們的選擇就決定了人生的「長途車」最終停在什麼地方。

這樣的長跑，我們不能爭一時的快慢，有時停下來加加油，檢修一下車子，比起一直埋著頭往前跑來得更重要 —— 不時地停下來反省自己做過的事情是很重要的，不但是對自己做過事

情的回顧，更重要的是能從中得到一些有用的東西，知道自己下一站要走到哪去，在哪「停車」最好。

有一隻狐狸在跨越籬笆時滑了一下，幸而抓住一株薔薇才不致摔倒，可是卻被薔薇的刺扎傷了，流了許多血。

受傷的狐狸埋怨薔薇說：「你太不應該了，我是向你求救，你怎麼反而傷害我呢？」

薔薇回答道：「狐狸啊！你錯了，我的本性就帶刺，是你自己不小心，才被我刺到的啊！」

這個寓言的意義就在於：遭遇挫折時不反躬自省，反而責怪或遷怒別人是無濟於事的。

把自己關在房間裡，問問自己：「過去 10 年來，自己有什麼樣的變化？」人是隨著時間而成長的，不僅身體如此，心智也是如此。10 年前也許你認為金錢萬能，只要有了錢就算是擁有了世界。5 年前你可能認為唯有事業成功這一生才算沒有白過。現在呢？或許你會覺得唯有心境愉快才是生命的最終意義。

不管這 10 年來的改變如何，也不管改變是正面還是負面

的，你都得隨時反省。因為至少你知道自己是什麼樣的人，也會瞭解為什麼有這樣的變化。而在即將逝去的這一年裡，你更需好好將自己的行為檢視一番，這將是你以全新的姿態步入下一年的助力。

大多數人就是因為缺乏自省能力，不曉得自己一直以來的轉變，才會看不清楚自己的本質。而一個不曉得自身變化的人，就無法由過去的經驗來思考自己的未來，當然只能過一天算一天了。

荀子說：「君子博學而日三省乎己，則知明而無過矣。」這是藉由廣泛的學習並隨時檢視自己的言行，以達到智慧洞明、言行無咎的完美道德境界。

其實，藉著反省可以拂拭心靈明鏡，可以洗濯精神。反省的範圍絕非僅僅限於道德範疇，而應涵蓋整個生命的全部內容。小到個人，大到全人類，從內心的欲求到外在的言行，無不在反省的範圍之中。

反省不完全等於檢討或是懺悔。自己犯了過失與罪行，必須進行檢討和懺悔。所以說，檢討、懺悔只是反省自己過失的

表現，卻不等於就是反省。反省應該是站在更高的層次上，對整個人生所走過的全部旅程進行分析與對照，是人對自身的批判。

我們不僅需要在犯了過錯，舐舐創傷之際，進行深刻的思索分析以及反省；在成功的歡樂中同樣需要保持冷靜，小心反省先前努力的過程。

反省是理性的表現，反省者的心靈應清靜如水，皎潔如月，必須摒棄個人私利與狹隘的恩怨，保持對異己的充分寬容與尊重。只有在真正懂得尊重別人、尊重客觀規律的時候，才能更清楚地認識自己，反省才會發揮應有的功效。任何妄自菲薄、唯我獨尊的心態，都與反省的要求背道而馳。

因此我們在日常生活中一樣要學會反省，只有反覆思考過自己的信念，才會更勇於挑戰自己；只有反覆思考過自己的言行，才會意識到自己哪裡需要改變；只有透過改變自己，才會超越自己。所謂「思廣則能活，活則能深，深則能透，透則能明」，講的就是這個道理。

就像是一個學管理的人，不論做任何一件事時都很講究事

Part 4
尋求心靈頓悟一定要做的事

前、事中、事後的控制，因為經過這些控制，才可以確定事情的發展正是朝著我們既定的計劃目標前進。如果不是朝既定的目標前進，就要及早發現，立即做出修正，使偏離的方向再回到預期的軌道上，朝著目標繼續邁進。即使事後結果與預期的目標有所差距，也可以及時進行控制做出彌補。

自我反省的重點不在責備，而在責任。如果你檢視一段失敗的戀愛，就應該問自己：這個人是不是有什麼地方你其實一點也不喜歡，但一時卻容忍了下來？你是否在某一天終於決定不再容忍下去了？你是否早就對這段關係不抱幻想，卻保持安靜，直到對方提出分手？

自我反省既然如此重要，那麼要做好這件事，我們必須具備哪些能力？

一、從行動中反思 —— 要有「絕知此事要躬行」的手。

二、從觀察中反思 —— 要有「處處留心皆學問」的眼。

三、從體驗中反思 —— 要有「吾日三省吾身」的心。

四、從變換視角中反思 —— 要有「跳脫自我巢臼」的膽。

五、從交流中反思 —— 要有「三人行必有我師」的認知。

六、從日記中反思：要有「誠實面對自己」的氣概。

有人說，懂醫的人漫山遍野都是藥材，不懂醫的人就只看到荒草還有生火的木材。會反省的人也一樣，只要懂得反省，處處都能看到智慧，點滴皆是真理。人們常說，認真做事可以把事情做對，用心做事才能把事情做好。這顆心，可不簡單了，包含了一個人的心智、心境和心靈。

具體來說，是用敏銳的心智去思考、推理、判斷和決策；用美好的心境去關愛、關心和關懷；還有用善良的心靈去體悟、領會和盡力而為。

要把事情做好，就要用心去做，就要學會反思！在一年即將結束之際，用一個禮拜的時間幫助孩子把這一年裡的事情記錄在一張信紙上，裝進信封封好，在上面寫上將來打開信封的日期。這個日期可以是孩子 18 歲已經成人時，可以是 22 歲開始工作後，也可以是 25 歲即將結婚前……在你的幫助下，孩子也許可以在未來的某個日子裡，重拾這段美好的記憶。

首先，在開始之前，先告訴你的孩子該怎樣去記錄這一年裡發生的主要事件。也許你的孩子會記流水帳，記錄每個月所

Part 4
尋求心靈頓悟一定要做的事

發生瑣碎的事情，也許只是一次不經意的談話，或一次突發的感想所引發的的感觸。

為了幫助你的孩子把這 12 個月裡的主要事情記錄下來，你可以把筆記、突發的靈感，以及報紙摘要整理成冊，家裡的日曆同樣可以幫助增強回憶。

養成歲末檢視自己行為的習慣，並與孩子一同進行歲末檢討的活動。從孩子小時候就幫孩子寫給未來自己的信，裡面可以包括過去一年裡成功的喜悅，或是失意的淚水，總之是一些可以使自己和孩子記取教訓，在以後的人生道路中少走彎路的經驗和美好的回憶！

24 參加一次葬禮，感受生命的意義

生命的長度，就在一呼一吸之間。應該好好地珍惜自己所擁有的一切，把握生命的每一分鐘，每一時刻。

年輕人往往感覺不到生命的可貴，因為他們的生活太精彩了，以致於根本沒有時間認真地考慮生與死的問題。於是，他們也不明白浪費時間就是浪費生命，更不知道效率不僅只是為了多幫老闆賺錢而已，而是為了多累積自己的資本。待到他們醒悟的時候，一大段的生命已經過去了，這是永遠無法彌補的損失。

夜空裡的滿月，默默高懸，寒光四射；滄海中的波浪，聞

風而起，響遏行雲。朔風凜凜，夏日融融，高山流水，莽原披雪。所有這些，都各自因勢而生，隨律而動，發自不得不發，歸於不得不歸。它們雖然蘊含著曠世的蒼涼，幽長的意韻，無窮的豪邁，絕塵的空靈……，然而，它們卻永遠自由自在，隨生隨滅，不勞我們費心。

天地之間，真正需要撫慰，需要傾注無限關注的，只有生命。生命存在著，並且頑強地延續著，這是一種上天注定，我們無法深究其中的原因。生命在張揚著，創造著無數美好和偉大的事物，這是一種奮鬥，我們不能叩問其中的終極意義。

生命屬於每個擁有生命的個體，但是，由個體所構成的整體生命，是一種不容我們提問的神祕聖殿。在這座神祕的聖殿面前，我們除了啞口無言外，剩下的只有無限的崇敬和感佩。

的確，能進入這座偉大的聖殿，對每個人而言，都是一次僅有的經歷和莫大的榮幸，同時，我們也在此領受了永恆的迷惑。我們這群陌生的遊客，根本來不及接受任何相關的培訓，更沒有導遊的介紹和指引，就被扔進了這個聖殿。

當我們沿著那些崇高的柱廊摸索前進，迎著石梯緩緩攀升

的時候，對面而來的一切，總是引起我們的驚詫和迷戀。我們沒有什麼可真正依託的，只有相互扶持，毅然前行……

　　從另一個角度來看，這似乎也是一次十分簡單的旅行。它可能起源於某個偶然的事件，抑或是某次難以解釋的誤會，造成我們的降生。

　　眼前的路不太長，幾十度春秋而已，終點更是顯而易見，雖然閉幕式可能各異，但結局總是千篇一律，終究再一次歸於永恆的寂寞。

　　一天，佛祖站在雲端俯首鳥瞰人間，他看見每一個城市都車水馬龍，人來人往，各自都為著自己的目標匆匆獨行，有的甚至急得汗流滿面。

　　佛祖若有所思地問他的弟子：「弟子們，你們看呀，人們整天都忙忙碌碌，這究竟是為了什麼呢？」

　　弟子們雙手合十，恭聲答道：「佛陀，人們整天這樣的忙忙碌碌，不外乎是為了『名利』二字。」

　　「那麼，有了名利又能怎樣呢？」佛祖接著問道。

　　「有了名可以得到別人的尊重，有了利可以滿足肉體的奢

侈。」一個弟子回答。

「無名無利的平民百姓，他們一天到晚勞累忙碌，又是為了什麼呢？」

「佛陀，平民百姓勞累忙碌是為了養家餬口，吃飯穿衣。」一個弟子平靜地答道。

「吃飯穿衣又是為了什麼呢？」佛祖接著問。

一個弟子站起身來，躬身答道：「佛陀，人們吃飯穿衣是為了滋養肉身，享盡天年的壽命呀！」

佛祖用清澈的目光環視著弟子們，沉靜地問道：「那麼，你們說說肉體生命究竟有多長久？」

「佛陀，有情眾生的生命平均起來有幾十年的長度。」一個弟子充滿自信地回答。

佛陀搖了搖頭說：「你並不瞭解生命的真諦。」

另一個弟子見狀，充滿肅穆地說道：「人類的生命如花草，春天萌芽發枝，燦爛似錦，冬天枯萎凋零，化為塵土。」

佛陀露出了讚許的微笑，「你能夠體察到生命的短暫迅速，但是對佛法的瞭解，仍然限於表面。」

又聽得一個無限悲愴的聲音說道：「佛陀，我覺得生命就像浮游生物一樣，早上才出生，晚上就死亡了，充其量只不過是一晝夜的時間！」

「喔！你對生命朝生暮死的現象能夠觀察入微，對佛法已經有了入理的認識，但還是不夠透徹。」

在佛陀的不斷否定、啟發下，弟子們的靈性越來越被激發起來，這時又有一個弟子站起來說道：「佛陀，其實人們的生命跟朝露沒有什麼兩樣，看起來不乏美麗，有的時候是如此的淒美壯觀，但是只要陽光一照射，一眨眼的工夫它就蒸發消逝在這個空間，變得無影無蹤了。」

佛陀含笑不語，弟子們更加熱烈地討論起生命的長度來。

這時，一個弟子站起身來，語驚四座地說：「佛陀，依弟子看來，生命只在一呼一吸之間。」此話一出，四座愕然。

大家都凝神地看著佛陀，期待著佛陀的開示。

「嗯，說得好！生命的長度，就是一呼一吸之間。只有這樣認識生命，才能真正體味生命的精髓。弟子們，你們切不要懈怠安逸，以為生命很長，明日復明日地活下去，像露水一瞬，

像浮游有一晝夜，像花草有一季，像凡人有幾十年。其實生命只有一呼一吸這樣的短暫呀！你們應該好好地珍惜自己所擁有的一切，把握生命的每一分鐘，每一時刻，勤奮不已，自強不息。」

如果這就是生命的全部，那對我等芸芸眾生而言，真是一種莫大的福分。我們可以悠然自得地攜手同行，心情放鬆地欣賞一路的春風秋月，鳥語花香。然而，事情遠不是如此簡單。當對死亡的恐懼第一次沉重地降臨在我們心靈中的時候，我們這段生命的旅程就被賦予了壯麗的悲劇色彩和某種難以把握的詭譎氣氛。

是的，我們不能無止境地享樂和攫取，一旦付出，就可能再也沒有機會收回，這些，使我們的生命每時每刻都處在無法迴避的痛苦抉擇之中。

天道恆常，而生命個體卻處在異彩紛呈不斷的變化之中，這一靜一動，在我們面前展示著無比的絢麗奪目，這就是生命的境界。

所以，一定要帶孩子去參加一次葬禮，真切地感受一下人

們對死亡的態度。

　　陶淵明的《輓歌》唱道,「親戚或餘悲,他人亦已歌。死去何所道,托體同山阿。」生命如此短暫,匆匆的一生,得到了什麼,失去了什麼,假如生命即將結束,你會不會有一些遺憾?那麼這剩下的一段人生路,你又該如何走過?

25 換個角度看世界

立場不同、所處環境不同的人，很難瞭解對方的感受，應
要有關懷、瞭解的心情。

　　換個角度看問題，換個角度看世界，心境自然大不同。

　　一隻小豬、一隻綿羊和一頭乳牛，被關在同一個畜欄裡。
有一次，牧人捉住了小豬，小豬放聲號叫，猛烈地抗拒。

　　綿羊和乳牛覺得牠的號叫聲很討厭，便說：「他常常捉我
們，我們並不會因此大呼小叫啊。」

　　小豬聽了回答道：「捉你們和捉我完全是兩回事，他捉你
們，只是要你們的毛和乳汁，但是捉住我，卻是要我的命啊！」

　　立場不同、所處環境不同的人，很難瞭解對方的感受；因
此對別人的失意、挫折、傷痛，不宜幸災樂禍，而應要有關懷、

瞭解的心情。

小蝸牛問媽媽：「為什麼我們從生下來，就要背負這個又硬又重的殼呢？」

媽媽：「因為我們的身體沒有骨骼的支撐，只能爬，又爬不快，所以需要這個殼的保護！」

小蝸牛：「毛毛蟲姐姐同樣沒有骨頭，也爬不快，為什麼她卻不用背這個又硬又重的殼呢？」

媽媽：「因為毛毛蟲姐姐能變成蝴蝶，天空會保護她啊。」

小蝸牛：「可是蚯蚓弟弟也沒骨頭爬不快，又不會變成蝴蝶，他為什麼也不用背這個又硬又重的殼呢？」

媽媽：「因為蚯蚓弟弟會鑽土，大地會保護他啊。」

小蝸牛哭了起來：「我們好可憐，天空不保護我們，大地也不保護我們。」

蝸牛媽媽安慰他：「所以我們有殼啊！我們不靠天，也不靠地，我們靠自己保護自己。」

換個角度想問題，就是在你「山重水盡疑無路」之時，發現了解決事情的方法，才會頓覺「柳暗花明又一村」。換個角

度想問題猶如夏日涼爽的清風，散去你煩躁壓抑的心情；猶如一盞燈塔，照亮你黑暗迷茫的道路。你會感受到杜甫「會當凌絕頂，一覽眾山小」的豁達情懷；你會頓悟到劉禹錫「沉舟側畔千帆過，病樹前頭萬木春」樂觀心胸的真諦。

有一天，一個失戀的女人坐在公園長椅上哭泣。這時一位哲學家走來，輕聲地問她說：「妳怎麼啦？為何哭的如此傷心。」

女人回答說：「我好難過，為何他要離我而去？」

不料這位哲學家卻哈哈大笑，並說：「妳真笨。」

失戀的女子很生氣地說：「你怎麼這樣，我失戀已經很難過了，你不安慰我就走開，怎麼還罵我。」

哲學家回答她說：「傻瓜，這根本就不用難過啊！真正該難過的是他，因為妳只是失去了一個不愛妳的人，而他卻失去了一個愛他的人，還有他愛人的能力。」

女人覺得很有道理，並試著換個角度看待自己失戀這個事實，自然心情也就不一樣了，對自己的信心也隨之大增。

有一個很有意思的故事：

森林裡面的鳥類整天啾啾叫著，可不是閒著沒事在唱歌

喔，原來牠們是在吵架呢！

　　麻雀最看不起燕子，因為燕子總是夏天飛來，冬天就走了，牠認為燕子是怕冷的懦夫；而燕子卻鄙視黃鸝，認為黃鸝除了天生擁有美麗的羽毛外，什麼都不會；黃鸝則鄙視百靈，牠說百靈唱歌唱得最好聽但是動機不單純；百靈最討厭的就是鸚鵡了，因為鸚鵡最沒原則，誰來了牠都說「歡迎！」；好客的鸚鵡偷偷討厭的竟是喜鵲，牠老覺得喜鵲長得就是一副奴顏媚骨的樣子；喜鵲則鄙視蒼鷹，因為蒼鷹老愛站在最高的山崖上冷漠的眺望遠方，一付假惺惺的樣子；而蒼鷹竟然是這個鎖鏈的完成者，牠討厭起小小的麻雀來了，想不到吧！蒼鷹覺得麻雀整天蹦來蹦去嘰嘰喳喳的，真是寸光鼠目……

　　這使我想起了圍成一圈的骨牌 —— 你能說清到底是誰壓在誰的上面嗎？

　　故事中的鳥兒們終究不懂得「懦夫」與「勇士」、「好高騖遠」與「腳踏實地」的區別，人類卻懂得；於是，凡事總要問「誰比誰好？誰又不如誰？究竟誰贏了？究竟誰是最差的？」遺憾的是，這類問題常常很難找到答案。

故事中的每一種鳥都「敏銳」地發現了別人的「缺點」，而對自己的缺點卻渾然不覺，這是因為牠們都犯了看事物只看片面的錯誤，忘記「尺有所短，寸有所長」的古訓。再說，百靈會唱歌，蒼鷹飛得很高，這些都是客觀事實，而不同的人在不同的立場、角度上卻會做出截然不同的評價。好比蒼鷹，喜鵲覺得牠「好高騖遠」，也許對蒼鷹自己而言，卻恰恰以為這是勇氣與力量的體現。

如果換一種眼光呢？比如說，假如喜鵲可以換一種思維方式思考一下：

蒼鷹有飛得高的勇氣和力量，我有沒有呢？這樣情況便不同了，當思維的鎖鏈被打破，鳥兒們將各自擁有獨一無二的特質，完善融合成整個鳥類生物環境。

以鳥喻人，人們在複雜的社會中奔波，每天接觸著形形色色的人與事。如果我們不換換眼光，而總是以某種固定思維模式來評判誰是誰非，在看待別人或自己時，下意識地採取兩種標準，那麼，就會嚴重影響我們對自身、對別人及對社會的正確認識。這樣一來，再美的世界，也就只能是霧裡看花。

所以，讓我們學會換一種眼光看世界，不以偏概全，也不以主觀否定客觀。這樣，我們才能在對主、客觀清醒認識的基礎上改造世界，建立美好的生活。

一些事情雖有不愉快或糟糕的一面，但也有好的一面。最根本的癥結，在於我們每個人心中都有一位嚴厲的法官，他無時無刻不在批判著我們自己、批判別人，對生活也毫不留情地批判。於是在我們的眼中，別人的缺點似乎無所遁形，而自己的內心也容易因為「看不開」的事而陷入悲觀失望。

有兩句話說得好極了：「當你眼中只看見海，而看不到其他的，你就會認為沒有陸地的存在，就無法成為優秀的探險家。」「真正的發現之旅，並不在於尋求新的景觀，而在於擁有新的眼光。」

只要調整自己看問題的角度，你的世界將會變得不一樣。你用什麼眼光看世界，世界就會以什麼方式回報你的眼光。

有一個小男孩在心情不好時喜歡靠著牆倒立。

他說：「正著看這些人、這些事，我會心煩，所以我倒著看世界，覺得所有人、所有事都變得好笑了，我就會好過一

點。」

　　煩惱時，你無法兼顧其他事物嗎？當人陷入絕境中，視野自然會變得狹小，只拘泥於自己煩心的事情，對其他事毫不關注。一個人心情煩悶、憂愁時，就應該要暫時避開眼前的一切，不要鑽牛角尖，將注意力轉移到別的事情上，進行角色互換，或許會有意想不到的收穫。

　　沒有一個人可以不依靠別人而獨立生活，這本是一個需要互相扶持的社會，先主動伸出友誼的手，你會發現原來四周有這麼多朋友。在生命的道路上我們更需要和他人互相扶持，共同成長。

　　每個人身上都有一些缺點，但是你看到的是哪些呢？是否只看到別人身上的「黑點」，卻忽略了其實黑點周圍還有一大片空白？其實每個人的優點都比缺點多得多。

　　把上面的故事講給你的兒子或女兒聽，教他們也換一個角度去看問題吧！會有更多新的發現。

26 寫下自己的人生感悟

不能太滿，不能太缺。人生不過幾個字，那就是 ──「進退有度」。

有人說，人生是一齣充滿悲喜的戲劇，是一首飄渺虛空的歌，是一次汗流浹背的登山運動，是一場燦爛絢麗的煙花……是的，有道理。但聽起來，太玄虛；悟起來，太深遠；做起來，太複雜。

我說，人生不過一個字。你在走仕途人生嗎？官不能當太小，太小了，別人瞧不起，說你沒本事，沒有進步；也不能像某些人那樣，不顧一切地削尖腦袋，苦苦鑽營想作大官，這樣

的官當得太大了，不僅需奴顏媚骨，裝腔作勢，假話連篇，佈陣設套，風險重重，甚至會禍害百姓，貪污受賄，名譽受損。所以，必須把握一個字。

你在走商場人生嗎？錢不能賺得太少，更不能虧本，太少了難以養家糊口，別說錦衣玉食了，山盟海誓過的情人也會苦笑著離你遠去。錢也不能賺得太多，太多了就會心生歹念。今天花天酒地，明天揮金賭場，後天包二奶被老婆當場捉個正著，不然就是被壞人盯上，被綁匪瞄準，被毒販誘拐。所以，必須把握一個字。

你在走愛情人生嗎？不能愛得太淺，愛得太淺不是真愛，品嚐不到真愛的甜蜜，甚至會腳踏數隻船，身許多個人，玷污愛情。也不能愛得太深，愛得太深容易失控，失去自我，誠惶誠恐，笨手笨腳，魅力皆無，對方不但不領情，反而會嫌棄你，進而拋棄你。所以必須把握一個字。

你在走真誠人生嗎？不宜太真誠。太真誠了，滿腹心機的謙謙君子們反而會不相信你，甚至竊笑你太傻，太口無遮攔，太沒城府。也不能太不真誠，否則，自己不是成為心理猥瑣的

小人，就會患上嚴重的憂鬱症！

開車不能太快，也不能太慢。太快了容易出車禍，太慢了肯定耗油又耗時。吃飯不能太飽，也不能吃太少，否則不是消化不良得胃病，就是營養不夠，無精打采。讀書不能太少，也不能讀得太雜太濫，讀得太少沒學問無見識，讀得太雜又可能迂腐、木訥，成了十足的書獃子……所以必須把握一個字。

不能太滿，不能太缺。人生不過一個字，那就是——「度」。

凡事有度，進退自如，這個字也許太圓滑，太世故，太中庸，但世事紛繁，人生艱難，只能把握這個字，而且不得不如此。

幾個學生問哲學家蘇格拉底：「人生是什麼？」

蘇格拉底把他們帶到一片蘋果樹林，要求大家從樹林的這頭走到那頭，每人挑選一顆自認為最大最好的蘋果。不許走回頭路，不許選擇兩次。

在穿越蘋果林的過程中，學生們認真仔細地挑選自己認為最好的蘋果。等大家來到蘋果林的另一端，蘇格拉底已經在那裡等候他們了。

他笑著問學生：「你們挑到自己最滿意的蘋果了嗎？」大家你看看我，我看看你，都沒有回答。

蘇格拉底見狀，又問：「怎麼啦，難道你們對自己的選擇不滿意？」

「老師，讓我們再選擇一次吧，」一個學生請求說，「我剛走進果林時，就發現了一個很大很好的蘋果，但我還想找一個更大更好的。當我走到果林盡頭時，才發現第一次看到的那個就是最大最好的。」

另一個接著說：「我和他恰好相反。我走進果林不久，就摘下一個我認為最大最好的果子，可是，後來我又發現了更好的了，所以，我有點後悔。」

「老師，讓我們再選擇一次吧！」其他學生也不約而同地請求。

蘇格拉底笑了笑，語重心長地說：「孩子們，這就是人生——人生就是一次無法重來的過程。」

面對無法回頭的人生，我們只能做三件事：鄭重的選擇，爭取不留下遺憾；如果遺憾了，就理智的面對，然後爭取改變；

假若也不能改變，就勇敢地接受，不要後悔，繼續朝前走。

有兩個人，一個極富，一個極窮。富的是有名的房地產老總，開著百萬跑車，喜歡攝影，器材價值動輒百萬，而且是國際知名大學 EMBA 的畢業生。

窮的是為人整理垃圾的清道夫，天天守在餐廳旁邊打零工，一天下來，好的話能賺二百塊，壞的話就幾十塊錢而已。住在城市的邊緣一個快要拆遷的木棚裡，家裡還有一個癱瘓的妻子。

他們過著截然不同的生活，但卻有著同樣的生活態度。

富有的男人雖然日子優渥，可是卻也是浪漫的人，他說：錢，是用來顯示自己能力的，除此以外，還有多大作用？他建了好多所希望小學，經常帶太太去歐洲旅遊，不像別的有錢人，整天忙得早出晚歸，家裡就像是落腳的旅館而已。

在唸 EMBA 時，教授說做個實驗就知道誰最會經營自己的企業。請所有人把手機全放到講台前面去，而且必須開機。

像他們這些老總級的人物，自然生意忙得不得了，所有人的手機都響個不停，只有他的手機是沉默的。教授說，這個男

人才是最會生活也最會經營自己企業的人，他懂得放手，懂得讓自己有私人的空間。

他就笑了，他說，「我跟副總說了，只有公司發生兩件大事才可以打電話給我，一是公司發生大火，二是公司出了重大事故有人死了。其他的，他都可以自己處理，因為前 10 年，他已經把基礎打好了。」

他說自己計劃 45 歲退休，然後去各地拍紀錄片，自己花錢出版，因為那是他年輕時的夢想。富人有這樣的境界，不是一件容易的事。

而窮人的幸福並不比他少。

雖然賺的錢少，回到家，老伴會噓寒問暖。因為老伴會唱戲，他便學會了拉二胡，吃過飯，一定要唱一段。他也是知足的人，雖然窮是窮了點，但有老伴的愛，還可以唱喜歡的京劇，他也知足了。

老伴沒有出過遠門，他就騎著腳踏車帶著她出去，一邊走一邊唱。有電視台拍下他們，說他們是流浪的鐵馬夫妻，他笑笑說，就是開心嘛！

富人與窮人的快樂有多少區別？如果用錢來衡量，區別很大，富人可以用錢買來很多標榜可以得到快樂的事物，窮人不能。但如果用精神來衡量，那幾乎是一樣的，他們感受到的快樂，誰也不比誰少。

生活的形式有千萬種，但它們的背後卻一樣都是人生，如果你感覺到自己很幸福，錢多錢少，真的不重要。因為，活出美麗的心情，那才是最美妙的人生。

現在就與您的孩子用心靈之筆記錄下每一天對生活的感悟，累積美好的瞬間，活出精彩吧！

PART 5

認識愛和善意
一定要做的事

　　或許你的工作並不崇高，但你每天兢兢業業地完成任務，你就帶給孩子「認真」的品格，擁有「認真」品格的孩子無論是學習還是工作，都是優秀的。父母教導孩子最好的方法，就是用自己的行動來潛移默化，因此，唯有多做，而且就從自己開始做起。

　　選擇愛與善意，其實就是選擇一種人生態度。

　　選擇愛，這個世界將會更加美好。選擇善行，雖然不一定會太富有，卻可以擁有整個大千世界！

27 欣賞身障人士 的各種才能

既然缺陷、差別總會存在，那人類所能做的就是改變思維，就是如何理智地認識、甚至欣賞缺陷。

我們生存的這個星球從來沒有公平過。

社會從人類誕生的那一天起，就沒有公平過。將來，再過一千年、一萬年，人類社會也不可能變得絕對公平。就算沒有壓迫，沒有剝削，人們還會面對先天的不完美，比如：生下來有的高、有的矮、有的胖、有的瘦、有的黑、有的白、有的美、有的醜。甚至有的人會被身體某方面的障礙所困擾，而這樣的障礙，也僅僅是其中一種缺陷而已。

　　既然缺陷、差別總會存在，那人類所能做的就是改變思維，就是如何理智地認識、甚至要欣賞缺陷。

　　事實上，許多世界偉人，都有明顯的身體缺陷，他們敢於正視這些缺陷，加緊在其他方面努力，才得以達成突出的成績。

　　俄國文豪列夫‧托爾斯泰，兩歲時母親去世，由祖母撫養長大，八歲移居莫斯科，不久父親又去世了。

　　很小的時候，托爾斯泰就為了自己醜陋的相貌而感到苦惱，他的眼睛不但小而且還是凹陷進去的，前額窄，嘴唇厚，鼻子像蒜頭一樣難看，耳朵又大得令人吃驚。他的身體也很虛弱，特別是在青年時代，他經常感冒，受扁桃腺炎、風濕等疾病的折磨。學校老師給他的評語是：「列夫什麼都不太行。」

　　托爾斯泰經歷過這麼多的煎熬後，他覺得繼續再為這些缺陷憂鬱下去，只是在苦惱的陷阱中越陷越深，直至最後毀掉自己，唯一可以解救自己的辦法便是從別的角度尋找人生的樂趣。於是他開始從寫作中尋找樂趣。

　　23歲時，他發表處女作《童年時代》，獲得了好評。其後，在參加克里米亞戰爭大約五年的軍旅生活中，又創作了一些作

品，漸漸在文壇嶄露頭角。

托爾斯泰 34 歲才結婚，在幸福的家庭生活中，他接連寫出了《戰爭與和平》、《復活》和《安娜·卡列尼娜》等巨著。

以諾貝爾獎留名後世的艾爾弗雷德·諾貝爾，同樣也是相貌醜陋，身體又不好。他的哥哥曾說：「因為他天生是個醜孩子，或許在呱呱落地時，讓醫生慈悲地結束了他的生命會更好些。」

幼年時，諾貝爾得過好多種病，人們都認為他活不了太久。兒童時代，他因為消化不良和嚴重的肌肉痙攣而痛苦，大部分的時間幾乎都臥床不起。

諾貝爾詛咒自己醜陋的外貌，而且認定別人不可能會喜愛自己。青年時期開始的缺憾，使他在成人後產生了一種彌補的心理，反而使他決心把一生獻給人類。

他經過反覆試驗，終於在 1866 年製造出了甘油炸藥。到了 1875 年，他發明了比甘油炸藥爆炸力更強的無煙炸藥，並取得了專利。除此之外，諾貝爾還有許多發明，僅僅是在英國取得的專利就達 129 項之多。

臨終之前，諾貝爾設立了諾貝爾獎。自 1901 年開始第一

次授獎，每年頒發一次，以表彰上一年在和平、文學、物理、化學、醫學五個領域中取得最大成就的人。如今，它已成為世界上最有權威的獎勵之一。

法國人德尼茨・魯各里於 1910 年生於一個貧窮的農民家庭，生下來就沒有雙腳和雙手。他在日記中寫道：「沒有什麼樣的權威名義，能否定我身為一個畸形兒生存下去的權利。我的一生非常幸福，而且我認為我對人類也是有貢獻的，因為人的價值在於他的精神和人格。」魯各里用口銜著筆，學會了繪畫，又學會了寫文章。他懂得生命只有一次的寶貴意義。

像這樣的例子還有很多很多，亞里士多德、達爾文、俾斯麥、林肯、貝多芬、莫扎特、笛卡兒、果戈里，都有身體的不適。就連大名鼎鼎的美國總統羅斯福，也是坐在輪椅上，領導美國人民取得第二次世界大戰後期多次的勝利。

羅斯福在 39 歲時成為跛足，那一年是 1921 年。12 年以後，坐著輪椅的羅斯福臨危受命，就任美國總統，成為美國歷史上唯一一位連任四屆的總統。

除了這些，家長們一定也還聽說過《鋼鐵是怎樣煉成的》

一書的作者奧斯特洛夫斯基的事跡吧？即使他在 25 歲時就全身癱瘓、雙目失明，完全失去了活動能力，他毫不消沉，繼續躺在病床上進行文學創作．聽到這些故事的時候，您和孩子一定都曾經感動過吧？

如果曾經感動過，那就抓住自己心靈深處的感覺，不要讓它消失，讓它在心裡反覆重現。久而久之，這種自強不息的種子，就會在您和孩子心靈的土壤上發芽、生根、成長。這時，再用努力不懈的行動，為這顆種子澆水施肥，時間久了，它就越長越大，開花、結果、繁衍，最後成長為一片茂密而充滿生氣，屬於心靈深處的森林。

憑著這片森林，家長和孩子都能得到許許多多豐厚成熟的果實，享受到自強不息耕耘的樂趣。這森林，又像一片防護林。那些低層次卑劣小人的冷嘲熱諷，那些自恃高人一等的人吹來的蔑視之風，都刮不進這個心靈的防護林。他們施展出各種各樣低層次的表演，都進不了您的心靈，但您可以用欣賞的態度去觀察，覺得他們挺有趣，挺好玩，挺累，也挺不容易的。

當孩子看到有人跟著導盲犬散步，用手語交流，或坐著輪

椅外出，可能會直直地盯著這些人看 —— 並不是因為他們不禮
貌，僅僅是因為他們非常好奇。

　　因此，當您的孩子對導盲犬著迷時，提醒他那隻狗正在工
作，不可以被人打擾 —— 所以不要撫弄牠！但如果有機會的話，
鼓勵孩子去問問狗的主人一些關於導盲犬的問題。大多數人都
很樂意談論他們的導盲犬，還很喜歡講述牠如何幫助他們處理
人們日常生活中很容易辦到的事。

　　如果遇見坐輪椅的人，就要帶領孩子去幫助他們。然後，
對孩子解釋為什麼他們要坐輪椅，簡要地討論這些人生活中與
常人不同的地方。不要只是談論坐輪椅的人不能做甚麼事情，
盡量多說一些他們能做到的事情。

　　為了增強說服力，還可以帶你的孩子去看一場輪椅體育比
賽或是輪椅歌舞表演。告訴孩子不論何時遇見身障人士，都要
像對待任何人一樣有禮貌，釋出同樣的敬意，使孩子成為一個
懂得欣賞身障人士才能的人。

28 做一名志工或無償為弱者服務

志工不只用「手」和「腦」，還用「心」幫助別人，他們真心提供服務的意義超越了服務本身，「奉獻」和「共享」是他們的原則。

志工（Volunteers）是一個沒有國界的名稱，指的是在沒有任何物質報酬的情況下，為改進社會而提供服務、貢獻個人的時間及精神的人。

志工是不受私人利益的驅使、不受法律的強制，是基於道義、信念、良知、同情心和責任感而從事公益事業的一群人。他們是不以謀利為目的，志願為他人和社會貢獻時間、智力、

體力、財產的人。他們大部分主要的工作領域有：為低收入族群提供協助、社區環境清潔、社區建設、環境保護以及大型活動服務等。志工的工作主旨在於：奉獻時間和精力，奉獻技術和才華，更重要的是，奉獻愛心。志工不只用「手」和「腦」，還要用「心」幫助別人。他們真心提供服務的意義超越了服務本身，他們幫助受援者克服自身的弱點，帶來了信心和希望。

「奉獻」和「共享」是他們的原則，志願服務並不是富人對窮人慷慨的施捨，它是各階層人們奉獻社會、服務他人的選擇之一，他們所得到的回報是受援者一生的友誼和信任。就是這樣的給予和回報提升了人與人之間的包容和信任，建立起社會公正和穩定的基石。

志工的價值和意義並非金錢所能衡量，志工服務所提供的是金錢無法買到的人間溫暖：也就是關懷和幫助，友誼與同情。

如果你願意的話，先決定什麼機構的宗旨值得自己關心，並決定自己必須付出多少時間 —— 即使一個月只有一小時也無所謂 —— 然後就捐出這個時間，除了付出所得的欣慰感之外，別期待任何的金錢回報。

　　當志工，就等於付出生命中最寶貴的東西 —— 時間。你在向自己、向大眾宣示你看重這種分享。此外，這樣做還可以加強你與社會之間的聯繫。覺得歸屬於一個比自身或家庭更大的團體，是一種深深滿足的感覺。

　　就許多方面而言，就是對「生命」這項我們每天都擁有，但大多視為理所當然的禮物進行回報。若要體認我們是大團體的一部分，要明白我們彼此大都有共通處，付出時間只是一種極微不足道的方式。重要的是，當你付出時間做志工時，就表示你肯定那種歸屬感。

　　就以奧林匹克運動會來說吧，奧運會的工作吸引著精力旺盛的開拓者，更召喚著那些崇尚運動，而且願為之奉獻的人。事實上，洛杉磯奧運會最輝煌的成就之一就是廣大志願服務人員的加盟。根據傳媒的評論指出：「奧委會的志工人員政策，不但為委員會節省了數百萬美元，而且它促進了人們對奧運的瞭解，激發起美國人對此項活動的熱情。」

　　一些受聘僱的職員起初對志工服務計劃冷嘲熱諷，但後來卻發生了許多動人的故事：一位住在貝艾爾高級住宅區的女士

想成為志願司機，後來她也如願成為法國代表團在參加奧運期間的隨團司機。

一次正巧有人在貝艾爾地區宴請法國代表團，當客人下車後對她說：「你能在這兒等我們嗎？我們大概需要2小時。」

她說：「我回家一趟你們會介意嗎？」

客人說：「噢，那太遠了！」

她回答：「不，我家就在隔壁。」

客人看著她的家，才意識到為法國代表團開車的司機所居住的房子，比宴請他們赴宴的主人家還要富麗堂皇。

除了這位司機的身家令人驚訝以外，還有一位在排球賽館門口收票的志工是從德州來的石油大亨，一個名副其實的億萬富翁，他之所以樂於親自服務大眾，只因為想成為奧運會的一分子。當然，並非所有的志願人員都是巨富，其中不僅有許多退休職工和學生，還有為數不少的退役軍人。

志工如此為奧運會默默奉獻，而奧運會也成為年輕志工們鍛鍊自己、融入社會的好機會。

在挪威里爾哈莫舉辦的冬季奧運一共招募了9100名志工，

組織委員會特意讓來自挪威各地，各種不同職業背景的志工們，每天都生活在一起，鼓勵他們與世界各地的運動員、記者和遊客交流，這樣所有的志工就可以悠遊在這樣一個非常獨特的社會環境中，經由擴大他們的交際網絡，大大提高他們的處世能力。

奧運會所有志工的工作都是無償的。他們所能獲得的就是免費的餐點、制服、上下班的交通費用以及培訓的機會，每屆奧運組織委員會都會以頒發證書、獎章、獎狀等形式對志工的工作予以表揚。事實上，這已經足以讓志工感到十分的光榮了。

洛杉磯奧運會結束後，組織委員會曾發給工作出色的志工每人 700 美元獎金，頒獎比例大約為志願人員總數的 10%。許多志工收到獎金後，立即又退還給組織委員會，並說他們感到「這是一種侮辱」。

志工的情操一直都是令人感動的。人活在世上不能只想自己，作為當代大學生對社會是負有責任的。曾有位志工組織的會長說：「我喜歡當志工，我熱愛這份事業，和孩子們一同聊天玩遊戲令我感到無比的快樂，你可以無所顧忌地和他們交談，

這是任何物質上的滿足無法給予的愉悅，他們值得我們用心去交流和幫助。我想，互助不在於獲取物質滿足，而在於發自內心的愛與關懷。這是一種心靈上的淨化。在幫助別人的同時，自己的靈魂也在不知不覺中得到了昇華。」

青春需要在風雨中磨練，生命需要在奉獻中昇華。志工用不同於別人的方式實現著自身的價值，使人從中明白了責任的含義，理解了奉獻的精神。因為看到幸福，因為心中有愛，志工用自己的雙手撐起一片晴朗的天，用自己的生命，譜寫出絢麗的樂章。

今天就開始吧，坐下來打幾個電話，看看你所挑選的幾個機構是否需要幫忙。他們一定很樂意接納你。事實上，當你出現在他們的辦公室時，你可能會覺得自己好像是世界上最重要的人似的。

現在開始動起來，做一名志工或無償為弱者服務，並用這樣的行動或傳統影響自己的孩子，使他成為富有愛心，受人歡迎的人！

29 為災區或慈善福利機構募款

感恩是學會做人的支點；感恩讓世界這樣多彩；感恩讓每個孩子變得如此美麗！

無論是為災區或為慈善福利機構募款，都是你那顆感恩的心在引導你。「感恩」二字，在字典裡的定義是：「樂於把得到好處的感激呈現出來且回饋他人」，也就是一種對所受恩惠心存感激的表示，是每一位受人點滴恩惠之後沒齒難忘的情感。學會感恩，是為了擦亮蒙塵的心靈而不致麻木；學會感恩，是為了謝謝施予者的點滴付出，並將之永銘於心。

「感恩」是一種處世哲學，是生活中的大智慧。感恩可以

消解內心所有積怨，感恩可以滌蕩世間一切塵埃。人生在世，不可能一帆風順，種種失敗、無奈都需要我們勇敢地面對、豁達地處理。

「感恩」是一種生活態度，是一種品德，是一片肺腑之言。

如果人與人之間缺乏感恩之心，必然會導致人際關係的冷淡。所以，每個人都應該學會「感恩」，這對孩子的成長來說尤其重要。

「感恩」是一個人與生俱來的本性，是一個人不可磨滅的良知，也是現代社會上成功人士健全性格的表現。一個不懂得感恩的人必定擁有一顆冷酷絕情的心。

「感恩」是尊重的基礎。如果道德感是一個圓，中心點就是「我」，我與他人，我與社會，我與自然，一切的關係都是由主體「我」向外發散。

尊重也是以自尊為起點，尊重周圍所有人事物，包涵他人、社會、自然、知識，在自己與他人、社會相互尊重，以及對自然和諧共處中追求生命的意義，展現、發展自己的獨立人格。感恩是學會做人的支點；感恩讓世界這樣多彩；感恩讓每個孩

子變得如此美麗！

在這方面，美國人可以堪為楷模。1863 年林肯總統宣佈了感恩節為國定假日。接下來的兩百多年，每年一次的感恩活動，從小地方傳播開來。這是一個充滿感謝和愛的節日。美國人歡聚一堂，進行祈禱，感謝、頌揚上蒼在過去一年裡的仁慈和恩惠。非但如此，它更成為一種社會活動，在超市門口準備一個空間，讓人們留下一份食品給那些無家可歸的窮人，政府機關、學校和教堂也準備了大量的食物，敞開大門，分發給一些可憐的人們。

更可貴的，平時無憂無慮的孩子在這一天卻認真地挨家挨戶敲開鄰居的家門，募集食品。就這樣從小培養了幫助窮人的意識，給了他們自己和所有美國人行善的機會。

人生道路，曲折坎坷，不知有多少艱難險阻，甚至遭遇挫折和失敗。在危困時刻，有人向你伸出溫暖的雙手，解除生活的困頓；有人為你指點迷津，讓你確定前進的方向；甚至有人用肩膀、身軀把你撐起來，讓你攀上人生的高峰……使你最終戰勝了苦難，揚帆遠航，駛向光明幸福的彼岸。那麼，你能不

心存感激嗎？你能不思回報嗎？

感恩的關鍵在於回報意識。回報，就是對哺育、培養、教導、指引、幫助、支持乃至救護自己的人心存感激，並透過自己十倍、百倍的付出，用實際行動予以報答。向正在進行災後重建工作的機構以及慈善福利團體捐贈，其實是在施予一份誠摯的愛心。

懂得感恩的人總會得到回報。在一個鬧饑荒的城市裡，一位家庭美滿而且心地善良的麵包師把城裡最窮的幾十個孩子聚集在一起，然後拿出一個盛有麵包的籃子，對他們說：「這個籃子裡的麵包你們一人一個。在上帝為大家帶來好光景以前，你們每天都可以來拿一個麵包。」

瞬間，這些飢餓的孩子一窩蜂地湧了上來，他們圍著籃子推來擠去大聲叫嚷著，誰都想拿到最大的麵包。當他們每人都拿到了麵包後，竟然沒有一個人向這位好心的麵包師說聲謝謝，個個都轉頭就離開了。

但是有一個叫安娜的小女孩卻例外，她既沒有和大家一起吵鬧，也沒有與其他人爭搶。她只是謙讓地站在一步以外，等

別的孩子都拿到以後，才把籃子裡剩下最小的一個麵包拿起來。她並沒有急於離去，而是向麵包師表示了感謝，並親吻了麵包師的手之後才回家去。

第二天，麵包師又把盛麵包的籃子放到了孩子們的面前，其他孩子依舊如昨日一樣瘋狂搶著，羞怯、可憐的安娜只得到一個比前一天還小一半的麵包。當她回家以後，媽媽切開麵包，許多嶄新、發亮的銀幣掉了出來。

媽媽驚奇地叫道：「立即把錢送回去，一定是揉麵的時候不小心揉進去的。趕快去，安娜，趕快去！」

當安娜把媽媽的話告訴麵包師的時候，麵包師面露慈愛地說：「不，我的孩子，這沒有錯。是我把銀幣放進小麵包裡的，我要獎勵妳。願妳永遠保持現在這樣一顆平安、感恩的心。回家去吧，告訴媽媽這些錢是妳的了。」她激動地跑了回家，告訴媽媽這個令人興奮的消息，這正是她心懷感恩所得到的回報。

「感恩」之心，就是我們每個人生活中不可或缺的陽光雨露，一刻也不能少。無論你是何等的尊貴，或是怎樣的卑微；無論你生活在何地何處，或是有著怎樣特別的生活經歷，只要

你胸中常常懷著一顆感恩的心，隨之而來，必然會不斷地湧動著諸如溫暖、自信、堅定、善良等等這些美好的處世品格。自然而然地，你的生活便有了一處處動人的風景。有人說，幫助比自己弱小的人，會獲得一種心理滿足。

幫助弱者最好或最簡單的方法，莫過於少為自己買件新衣，把省下的錢捐給他們；或收集不再用的舊物將它們捐給有關單位，請他們轉贈給需要的人。

如果你正想進入一個更大的人際網，那麼就清理你家中的衣櫃，並邀請親友也一起這樣做，然後來個大贈送。讓這些衣物再利用，建立大家都是生命共同體的意識。這種樂捐的方式，最能讓你覺得自己不是孤島，而是社會大眾的一部分。

養成為受災區域或福利機構募捐的習慣，在不影響自己正常生活秩序下盡一份心，與孩子一起奉獻真誠和愛，使自己永存感恩之心。

30 做動物的朋友，真心愛護牠們

善待動物吧，而且要教育自己的孩子善待動物，因為當所有動物都無法生存時，人類也終將滅絕！

1967 年，中世紀研究學者懷特，發表了關於人類破壞生態環境的作品《生態危機的歷史根源》，對現代人無止境地控制和利用自然、甚至破壞環境和生態的行為進行了反省與批判。這部轟動一時的作品引發了極大的討論和迴響，直接促進了綠色環保意識的產生和發展。就是這時起，人們開始關注動物問題，其中不僅包括野生動物，也包括家裡養的寵物和動物園裡的動物。

其實，在中國傳統文化中，也有許多關於愛護動物的仁愛思想，尤其是佛教。佛法認為大自然中所有的生物都擁有靈魂，所以人與其他大自然的造物，應該處於平等地位。可惜，地球上許多傳統文化對於天然資源的予取予求，造成了極大的毀滅力，導致今日生態環境的破壞，以及對動物生命的漠視。

現時，「環保」已經成了常常聽到的詞語，節能、綠色、生態保育，佔據了很多公益廣告的主題。可是，不時撲面而來的動物傷害事件仍然令人震驚、感到無奈、悲傷。

幾乎每一個孩子都曾經纏著父母買一隻寵物。但是那些曾經養過寵物的父母都知道，養一隻寵物會帶來很多的責任。

如果你的孩子總是纏著説想養寵物，你可以試著借一隻小動物回家試養，逐漸培養孩子的愛心、耐心，讓他學著承擔起照顧寵物生活的工作。

如果你覺得是時候讓你的孩子或者其他家庭成員養寵物了，那麼就可以根據家裡的情況，先花些時間研究一下養什麼樣的動物比較適當。如果白天家裡沒有人，養小狗對於你們來説可能不是很好的選擇。建議您向賣主諮詢各種不同的寵物，

或者你也可以讀一讀有關的書籍，事前獲得越多的訊息就能做出更好的決定。畢竟在將來的 10 到 20 年裡，這位新的家庭成員將會和你們一起生活。

同時，別忘了去當地的小動物保護協會看看哦，那裡總是有一些美麗的純種動物在尋找牠們的新家。牠們被遺棄在那兒，是因為主人搬家了或是家裡有人不喜歡寵物。

就算因為家裡的生活狀況，或出於健康的考量而養不了寵物，你的孩子仍然可以獲得飼養寵物的樂趣。你可以引導孩子自願報名參加一些活動，就是在每天放學後幫鄰居溜狗。也可以聯繫當地的小動物保護協會，問問有沒有適合孩子的義工服務。如果因為孩子過敏而不能養寵物的話，那麼就詢問一下醫生，看看有什麼方法可以避免，或是有沒有不會造成過敏的動物。

儘管養寵物對家庭來說可能意味著更多額外的負擔和開支，但是養寵物時付出無條件的愛，以及和寵物在一起的美好時光，將會使你和孩子終生受益。

古時有一個仙人在深山修道，時常靜坐於一棵大樹下，摒

除雜念，修習禪定。是時正值冬天，氣候非常寒冷。每當近黃昏，就會有一隻凍壞了的小鳥飛來，就棲息在仙人懷中，希望獲得一些溫暖，延續牠的生命。仙人唯恐驚動鳥兒，因此盤膝打坐時，身體總是不敢搖動，讓鳥兒無憂地安處懷中，等到翌日小鳥振翅飛往別處，仙人才出定。愛護動物的慈悲心懷，竟然到了如此程度。

有位著名的漫畫家，佛性文心，非常酷愛動物。他一生共寫過近十篇有關動物的文章，繪摹動物的畫作更是不勝枚舉，他的畫集裡 450 幅畫中，動物就佔了絕大多數。

這位漫畫家，在家中養了 2 隻狗、2 隻貓、2 隻鴿子還有 2 隻水鴨。其中，他最喜歡的要算那 2 隻水鴨了。他認為，水鴨走起路來搖搖擺擺，樣子天真憨厚。更重要的是，水鴨懂得廉恥，每當有人走近餵食時，水鴨一定遠遠避開，直到人去遠了，才慢慢走近來吃；而吃的時候，如果有人走來，牠們總是捨食而去，絕不留戀。

鴨子不搖尾乞憐，不貪婪爭食，頗有「不食嗟來食」之志，即使忘了餵牠們，也仍然是搖搖擺擺自得其樂。這位知名的漫

畫家因而感嘆地說：「這不是最可愛的動物嗎？」

抗戰勝利後，漫畫家賣掉了自己的小屋，但卻還非常留戀一隻朋友送給他的白鵝。這隻白鵝每天或隔一天生一顆蛋，蛋很大，做成了鹹蛋後一家人一頓都吃不完一顆。

大白鵝每次生完蛋，便大步走進屋，大聲叫著，好像餓了想吃東西。所以全家人都很喜歡這隻白鵝。不過，漫畫家覺得，比有鵝蛋吃更幸福的事情是，白鵝帶給家人的愉快心情。寂寞的小院，因為有了白鵝的點綴，而顯得生機盎然。

在這荒涼岑寂的環境中，白鵝竟成了這位漫畫家精神上的依靠：淒風苦雨之日，靈感枯竭之時，推窗一望，死氣沉沉中唯有這雪白的精靈高擎著琥珀色的喙，在雨中昂然獨步，好像一個武裝的守衛，使得小屋有了保障，院子有了主宰。

後來，漫畫家又搬家了，不得已將白鵝送給了一個朋友。送走後的幾天裡，他感到有種異樣的感覺，如同跟一個相識已久的老朋友生死訣別了。為此，他寫了一篇文章，作為他對白鵝的思念。

雖然搬到沒有院子的房子，不能再養白鵝，但在家中一度

也同時養了 5 隻貓。結果是，這 5 隻貓經常成群結隊地偷魚吃，甚至偷吃蛋糕，引起了大家反感。

漫畫家認為，貓的「貪污」肯定是沒有吃飽的緣故，如果把每隻貓都餵飽，牠們就會各自去睡覺、洗臉、捉尾巴、打鬧，而不至於偷竊。於是，他向人詳細詢問了貓習慣的飲食情況，並且盡量滿足家裏貓咪。從此，貓的盜食案件便銷聲匿跡了，而漫畫家愛貓的名聲，也越傳越廣了。

人對動物的態度大致有三：

一、以人為中心，企圖主宰動物的命運，為滿足自己的私慾，不惜濫殺，使動物大量滅絕。

二、提倡保護動物，因為動物可以為人類服務。

三、把動物視為朋友，承認牠們和人一樣是地球的主人。

對動物的態度如何，取決於你自己。試想，當地球上只剩下人類時，那將是怎樣可怕的世界啊！善待動物吧，而且要教育自己的孩子善待動物，因為當所有動物都無法生存時，人類也終將滅絕！

31 愛護家園，做個環保尖兵

在地球這葉生命的「方舟」正在下沉的今天，對環境的節約與愛護已不僅僅是一種經濟行為，更是一種道德習慣。

諾曼·卡曾斯說：「我們違背大自然的結果是：破壞了自然景觀的美，自然動態的美和天籟的美。」

人生欲求安全，當有五要：

一、清潔空氣；

二、澄清飲水；

三、流通溝渠；

四、掃灑房屋；

五、日光充足。

——南丁格爾

有這樣兩個故事：

有一位從美國回來的小伙子，在美國讀了四年的環境工程，之後又去美國的加州沙漠進行八個月的沙漠觀察。這次回國走走順便找找工作，途中他突然想上廁所了，司機說：「這邊荒郊野外的，隨便找個地方方便一下就好了吧。」於是掏了幾張紙巾給他。

可是他回絕了，說道：「紙巾裡含有人工的漂白劑，還有一些添加劑，雖然大部分會分解，但是多少會有所殘留。」隨便又舉了他在加州沙漠工作時的例子，原來因為沙漠中常年乾燥缺少必要的細菌，如果在那邊留下糞便。只要你記住方位，過個 10 年、20 年再回去看，它依然保持你離開時的樣子，只是少了水分。

第二個故事：

在一個酒吧裡，強哥講到他在一個村子邊休息時的故事。當時正好是午飯時間，他吃完乾糧後，就將剩下不要的食物殘

骸包起來，準備離開時丟掉。這時不遠處的另一個旅人阿尼也吃得差不多了，還剩下一點。只見他將剩下的食物都捏成粉末撒在地上，他很奇怪地過去問道：「不是應該把自己的東西盡量帶走，不在當地環境留下外來污染嗎？」

阿尼答道：「這些食物在地上，會有小蟲來吃，小蟲又有大蟲來吃，大蟲又會被小鳥吃，小鳥又被更大的鳥吃，只要認識大自然就可以形成一個食物鏈啦！其實愛護大自然有很多方法的。」

怎樣做，才能不失去我們賴以生存的環境？與其戰勝或征服大自然，不如去做大自然的朋友，與自然界達成和諧共存的關係，與所有其他種類的生命達成和解。否則，我們既無法追回所失，也留不住原本所擁有的。

有一篇詩歌是《爸爸，我恨死你的獵槍》，內容是：

爸爸，你知道嗎？
當我親眼看見你擊傷了美麗的翅膀，
我的夢，就再也不能飛翔；

從那時起，我就恨死你的獵槍；

一到冬天，我就希望，那些小動物們跑得遠遠的，

逃過你的目光，讓你的獵槍不響；

爸爸，你要是真的想打獵，

那就把我當成獵槍扛在肩上，

讓我為你講一個剛剛聽來的故事，

直到你把打獵的事忘了；

想像我就是一隻小鳥，

想像我就是一隻小兔；

這樣，我的好爸爸，

你心裡就充滿了善良……

　　讀了這篇詩歌，使我們感受到「孩子」不希望傷害小動物和樹木的心情，不要像「爸爸」一樣，要愛惜自然萬物。為人父母者看到這篇詩歌是否更要檢視自己的行為，要愛護動物，不要讓自己的孩子「想像自己就是一隻小鳥，想像自己就是一隻小兔」，來喚醒父母愛惜動物的良知。

想像中，小山坡上應該有翠綠的樹、青青的草、燦爛的花、澄淨的小溪……可是很多人居住的周邊卻成了「寵物的廁所」和「垃圾站」。廢棄物總是扔得遍地都是，河上飄著許多髒東西。小草覺得這兒很臭，不願意在這裡生長；花兒覺得這兒太髒，不願意在這裡開放；大樹覺得這兒空氣不新鮮，不願意讓葉子在這裡長出來。

如果能發明一種機器，把所有的垃圾都變成水或肥料，用來耕作。再發明一種塑膠袋，用完了可以吃掉。這樣地球就不會污染，空氣也就新鮮了，未來也將會是綠色的。如果地球上的人們都生活在鳥語花香，沒有污染的環境裡那多好！每個人都從自己做起吧，當個環保尖兵。

《會說笑話的垃圾桶》這個故事發生荷蘭的一座城市，當地的居民有個壞習慣，他們從不把垃圾好好地倒進垃圾桶，總是隨意到處亂扔，政府衛生機關採取了一些措施，其中一項甚至還強制進行罰款，可是街道上還是到處都是垃圾。

後來，有一個小伙子主動為衛生局長獻上了一個妙計。沒過幾天，人們紛紛發現街道上的垃圾桶突然會說話，只要丟垃

圾進去，垃圾桶便會講一個笑話。人們因為好奇，紛紛把垃圾扔進了垃圾桶裡，因為這樣就能聽垃圾桶講笑話，常常有人在垃圾桶邊笑得前俯後仰。漸漸人們都喜歡把垃圾扔進垃圾桶裡，市容的衛生清潔也徹底改變了。

原來，那位青年就是說笑話垃圾桶的設計者，桶上裝著感應器，把垃圾扔進桶裡，感應器就會啟動錄音機，播放事先錄好的笑話。這些笑話還經常地更新，不同的垃圾桶播出的笑話內容也不同。就是這樣一個小小的點子，竟然改變了人們的不良習慣，改變了整個城市的面貌，多麼了不起啊！

保護大自然是我們共同的責任。在地球這葉生命「方舟」正在下沉的今天，對環境的節約與愛護已不僅僅是一種經濟行為，更是一種道德習慣。必須要用道德來約束和引導人類對環境的認知。保護環境，隨手可做，隨處可做，比如：用購物袋取代塑膠袋；盡量搭乘大眾交通運輸工具；步行或騎自行車；不使用無法分解的塑膠餐盒；不燃放污染大氣層的煙火；隨手關閉水龍頭；使用節水器具；一水多用；隨手關燈；使用節能燈具；拒絕使用免洗用品，如免洗碗、筷；盡量使用可再生物品；

在室內、院內養花種草；參加植樹活動；節約用電，回收廢紙；不亂扔廢電池、廢金屬、廢塑料、廢玻璃；使用綠色環保材質；戒菸；優先購買綠色產品；參與環保公益活動；外出旅遊時注意不污染環境；保護文物古蹟；使用無鉛汽油；及時舉報破壞環境和生態的行為；關注環境新聞，瞭解有關的環保知識；實踐簡樸的生活……

你看，環保就這麼簡單！趕快帶著你的孩子一起做個環保主義者吧，保護自己的家園，使世界變得更美麗！

永續圖書
線上購物網

www.foreverbooks.com.tw

生活成長系列 54

一定要陪孩子做的31件事

編著　　　張婉宜
責任編輯　賴美君
美術編輯　姚恩涵
封面設計　林鈺恆

出版者　培育文化事業有限公司
信箱　yungjiuh@ms45.hinet.net
地址　新北市汐止區大同路3段194號9樓之1
電話　（02）8647-3663
傳真　（02）8674-3660
劃撥帳號　18669219
CVS代理　美璟文化有限公司
TEL／(02)27239968
FAX／(02)27239668

總經銷：永續圖書有限公司

永續圖書線上購物網
www.foreverbooks.com.tw

法律顧問　方圓法律事務所　涂成樞律師
出版日期　2020年05月

國家圖書館出版品預行編目資料

一定要陪孩子做的31件事 / 張婉宜編著.
-- 初版. -- 新北市：培育文化，民109.05
面；　公分. --（生活成長系列；54）
ISBN 978-986-98618-4-7(平裝)

1.親職教育 2.親子關係

528.2　　　　　　　　　　109003421

※為保障您的權益，每一項資料請務必確實填寫，謝謝！

姓名		性別	□男　□女
生日	年　　月　　日	年齡	

住宅地址	郵遞區號□□□

行動電話		E-mail	

學歷

□國小　　□國中　　□高中、高職　　□專科、大學以上　　□其他_____

職業

□學生　　□軍　　□公　　□教　　□工　　□商　　□金融業
□資訊業　□服務業　□傳播業　□出版業　□自由業　□其他_____

謝謝您購買 ___一定要陪孩子做的31件事___ 與我們一起分享讀完本書後的心得。

務必留下您的基本資料及電子信箱，使用我們準備的免郵回函寄回，我們每月將抽出一百名回函讀者，寄出精美禮物以及享有生日當月購書優惠！想知道更多更即時的消息，歡迎加入"永續圖書粉絲團"

您也可以使用以下傳真電話或是掃描圖檔寄回本公司電子信箱，謝謝！

傳真電話：（02）8647-3660　　電子信箱： yungjiuh@ms45.hinet.net

●請針對下列各項目為本書打分數，由高至低5～1分。

　　　　　　　5 4 3 2 1　　　　　　　　　　　5 4 3 2 1
1.內容題材　□□□□□　　2.編排設計　□□□□□
3.封面設計　□□□□□　　4.文字品質　□□□□□
5.圖片品質　□□□□□　　6.裝訂印刷　□□□□□

●您購買此書的地點及店名_____

●您為何會購買本書？

□被文案吸引　　□喜歡封面設計　　□親友推薦　　□喜歡作者
□網站介紹　　　□其他_____

●您認為什麼因素會影響您購買書籍的慾望？

□價格，並且合理定價是_____　　□內容文字有足夠吸引力
□作者的知名度　　□是否為暢銷書籍　　□封面設計、插、漫畫

●請寫下您對編輯部的期望及建議：

221-03
新北市汐止區大同路三段194號9樓之1

傳真電話：（02）8647-3660
E-mail：yungjiuh@ms45.hinet.net

培育
文化事業有限公司

讀者專用回函

一定要陪孩子做的31件事

培養文化育智心靈的好選擇